La protection de la dignité humaine du détenu

Une étude comparée des jurisprudences de la Cour européenne des droits de l'homme et de la Cour africaine des droits de l'homme et des peuples

Collection « Études africaines »

Forte de plus de mille titres publiés à ce jour, la collection « Études africaines » fait peau neuve. Elle présentera toujours les essais généraux qui ont fait son succès, mais se déclinera désormais également par séries thématiques : droit, économie, politique, sociologie, etc.

Dernières parutions

Matthieu MUKENGERE NTAKALALWA, *La RDC et la commission des forêts d'Afrique centrale. Contribution à la gestion durable des écosystèmes forestiers*, 2025.
Amadou Sarr DIOP, *Repenser les savoirs sur les conflits en Afrique, L'ethnicité en débat*, 2025.
Amafou Pierre Stéphane DIBY, *Côte d'Ivoire, l'urgence de l'intégrité. Analyse des mécanismes de lutte contre la corruption*, 2025.
Yves-Alain KOUMBA, *L'élection présidentielle gabonaise de 2016, Contribution à une problématique de la construction démocratique en Afrique francophone*, 2025.
Gérard Martin PEKASSA NDAM (dir.), *La fiscalité post-Covid-19 en Afrique subsaharienne francophone. Regards croisés,* 2025.
Mohamed AHMED ISSA, *Politiques linguistiques familiales à Djibouti-ville. Étude de la transmission intergénérationnelle des langues,* 2025.
Khaled AMRANI, *Les oiseaux du sahara, Précis d'ornithologie saharienne (Algérie)*, 2025.
Hugues Morell MELIKI, Ferdinand MBEN LISSOUCK (dir.), *Communautés et foncier à l'épreuve du capital au XXIe siècle. Dynamiques émergentes en Afrique noire*, 2025.
Coumba CISSÉ, *Vivre à l'ombre du barrage de Manantali, Les représentations sociales des impacts*, 2025.
Sidi Tiémoko TOURÉ, *L'histoire oubliée de Mori Touré le Conquérant. De l'Empire songhaï à Marabadjassa (1492-1960),* 2025.
Mamadi KABA, *Renaissance du Sahel, L'Alliance des États du Sahel*, 2025.

Gnenekpohoro Jean-Marie Silué

La protection de la dignité humaine du détenu

Une étude comparée des jurisprudences de la Cour européenne des droits de l'homme et de la Cour africaine des droits de l'homme et des peuples

Préface de Rafaâ Ben Achour
Postface de Martial Manet

L'Harmattan

En couverture : visuel généré par IA

5-7, rue de l'École-Polytechnique, 75005 Paris
http://www.editions-harmattan.fr
ISBN : 978-2-336-50320-2
EAN : 9782336503202

À la mémoire de ma tante Véronique
& de mon oncle Étienne,
dont les âmes veillent dans chaque
mot que j'écris.

Infinie gratitude à Monsieur le Professeur Idris Fassassi, Co-responsable du Master Droit public comparé et Directeur du Centre de droit public comparé (CDPC) de l'Université Paris-Panthéon-Assas pour avoir accepté de m'accompagner dans ce travail de recherche.

À Madame la Professeure Charlotte Denizeau, Co-responsable du Master, pour sa disponibilité et ses conseils, toute ma reconnaissance.

À l'endroit de Monsieur Habib Dokaha, Enseignant-chercheur au département de Lettres Modernes de l'Université Alassane Ouattara (Bouaké/Côte d'Ivoire) pour la relecture et la correction de cet ouvrage, mes remerciements.

À chacun de ceux dont l'apport, quel qu'il soit, a permis l'aboutissement de cette œuvre, Merci !

PRÉFACE

Gnenekpohoro Jean-Marie Silué n'a pas choisi la facilité pour traiter la question de la protection de la dignité humaine du détenu. Outre la difficulté de cerner la notion de dignité humaine, « [u]ne notion juridique insaisissable[1]» qui a donné lieu à une abondante doctrine, l'auteur a choisi l'angle de la jurisprudence comparée de deux cours régionales des droits de l'homme : la Cour européenne d'une part et la Cour africaine d'autre part.

« [S]i la prison vise à punir, elle sert aussi à réinsérer. Or, si ce dernier objectif devient une fiction, la société tout entière est perdante »[2]. La dignité humaine est un concept fondamental qui transcende les frontières géographiques, culturelles et juridiques. Elle est au cœur des préoccupations contemporaines en matière de droits de l'homme, en particulier dans le contexte du traitement des détenus dans les établissements pénitentiaires où elle est confrontée aux réalités souvent tragiques et dégradantes de la détention. Comme le note Henri Bandolo Kenfack, « [L]a notion est alors devenue un concept juridique universel et opératoire pour désigner ce qu'il y a d'humain dans l'homme, ce qui mérite d'être protégé, en ce sens que tout ce qui tend à dénier l'humanité de l'homme sera considéré comme une atteinte à cette dignité[3] ».

L'ouvrage objet de cette préface constitue une réflexion profonde et rigoureuse sur la dignité des détenus à travers

---

[1] Paul Cassia. *Une notion juridique insaisissable ?*, Paris, Dalloz, 2016.

[2] Contrôleur générale des lieux de privation de liberté, *Rapport d'activité 2021*, [en ligne], [consulté le 22 juin 2025].

[3] Henri Bandolo Kenfack, « La dignité humaine et la question de l'abolition de la peine de mort à l'ère de la menace terroriste », *La Revue des droits de l'homme* [En ligne], 17, 2020, p .7.

une analyse rigoureuse et comparative des systèmes juridiques européens et africains.

Dans cet ouvrage, l'auteur commence par poser un constat : alarmant malgré les avancées juridiques et les déclarations des institutions internationales, la dignité humaine des détenus reste souvent mise à mal, tant en Europe qu'en Afrique. Les prisons, qui devaient être des lieux de réhabilitation et de réinsertion, se transforment trop souvent en espaces d'humiliation et de souffrance. Le témoignage de Dominique Simonnot, Contrôleure générale des lieux de privation de liberté, évoqué dans cet ouvrage, illustre avec force l'urgence de réformer les conditions d'incarcération, révélant ainsi l'indignité à laquelle sont confrontés de nombreux détenus. Cet ouvrage met en lumière l'importance de garantir ces droits fondamentaux, même dans les contextes les plus difficiles.

En effet, l'inertie des États face à la dégradation des conditions de détention est non seulement déplorable, mais elle soulève des questions éthiques et juridiques fondamentales. À travers une analyse approfondie des jurisprudences de la Cour européenne et de la Cour africaine, l'auteur démontre que, malgré les différences structurelles et culturelles, les deux systèmes partagent une préoccupation commune pour la dignité humaine.

Bien que la dignité soit explicitement consacrée dans la Charte africaine, son absence dans la Convention européenne[1] n'a pas empêché la Cour de Strasbourg de jouer un rôle pionnier dans la protection de ce principe. Les juges de ces deux instances se sont positionnés comme des architectes de la dignité humaine, élargissant son contenu

---

[1] Thierry Pech, « La dignité humaine. Du droit à l'éthique de la relation. », *Revue internationale d'éthique et gouvernementale*, VOL. 3, N°2, 2001, P. 33.

normatif et veillant à ce qu'elle soit respectée, même dans des contextes de détention.

Cependant, cet ouvrage ne se contente pas seulement de dresser un tableau idéal des avancées juridiques, il met également en lumière les défaillances systémiques qui compromettent l'effectivité de cette protection. Les conditions de détention, souvent marquées par la surpopulation, l'insalubrité et la violence, soulignent les défis persistants auxquels font face les États dans la mise en œuvre des droits des détenus. L'auteur appelle à une réforme profonde et urgente des systèmes pénitentiaires, tant au niveau régional qu'international, afin d'assurer des conditions de détention dignes et respectueuses des droits humains. L'auteur souligne l'urgence d'une réforme systémique et d'une volonté politique forte pour garantir le respect de la dignité humaine dans les établissements pénitentiaires, tant au niveau régional qu'international. Il appelle à une prise de conscience collective et à un engagement renouvelé en faveur des droits des détenus, car, comme il le souligne, « le respect des droits fondamentaux est une tâche qui ne sera jamais achevée ».

En tant que préfacier de cet ouvrage, je suis convaincu qu'il représente une contribution significative à la réflexion sur la dignité humaine des détenus, en articulant avec clarté et précision les enjeux juridiques, éthiques et sociaux qui l'entourent. Il constitue un appel à l'action pour les États, les institutions judiciaires et la société civile, afin de garantir que la dignité humaine ne soit pas un simple principe abstrait, mais une réalité tangible pour tous, en particulier ceux qui sont privés de liberté.

Gnenekpohoro Jean-Marie Silué, par son ouvrage, nous invite à ne jamais perdre de vue que derrière chaque détenu se cache un être humain, porteur de droits inaliénables, dont la dignité doit être respectée et protégée en dépit de la nature et de la gravité de l'infraction pour laquelle il a été poursuivi et sanctionné.

Félicitations à Gnenekpohoro Jean-Marie Silué pour cet ouvrage riche, engagé et pertinent, qui, j'en suis persuadé, suscitera des réflexions et des débats essentiels sur la défense des droits de l'homme et la dignité humaine.

Que ce travail inspire des changements concrets et nécessaires dans les systèmes pénitentiaires, tant en Europe qu'en Afrique.

Prof. Rafaâ Ben Achour
Professeur émérite à l'Université de Carthage (Tunisie)
Juge à la Cour africaine des droits de l'homme et des peuples

ABRÉVIATIONS

AGNU	Assemblée générale des Nations-Unies
CADH	Convention américaine relative aux droits de l'homme
CADHP	Cour africaine des droits de l'homme et des peuples
CC	Conseil constitutionnel
CCSP	Conseil Central de Surveillance Pénitentiaire
CEDH	Cour européenne des droits de l'Homme
CEF	Centres éducatifs fermés pour enfants
CGLPL	Contrôleur général des lieux de privation de liberté
Char.ADHP	Charte africaine des droits de l'homme et des peuples
CIDE	Convention internationale des Droits de l'Enfant
CIJ	Commission internationale des Juristes
CNDH	Conseil National des Droits de l'Homme
Conv.EDH	Convention européenne des droits de l'homme
CPT	Convention pour la prévention de la torture
CPTA	Comité pour la Prévention de la Torture en Afrique
CRA	Centres de rétention administrative
DDHC	Déclaration des droits de l'homme et du citoyen

DUDH	Déclaration universelle des droits de l'homme
HCDH	Haut-Commissariat des Nations Unies aux droits de l'homme
NU	Nations unies
OIP	Observatoire international des prisons
OMS	Organisation mondiale de la Santé
ONG	Organisation non gouvernementale
ONU	Organisation des Nations unies
OPCAT	Protocole facultatif se rapportant à la Convention contre la torture et autres peines ou traitements cruels, inhumains ou dégradants
OUA	Organisation de l'unité africaine
PIDCP	Pacte international relatif aux droits civils et politiques
PIDESC	Pacte international relatif aux droits économiques, sociaux et culturels
RSP	Rapporteur Spécial sur les Prisons
UA	Union africaine

« Tout être humain, quel qu'il puisse être, si abaissé soit-il, garde, même instinctivement, même inconsciemment, une exigence : qu'on respecte sa dignité humaine. Le détenu sait bien qu'il est un détenu, un paria, et il connaît sa place devant sa hiérarchie : mais aucun fer rouge, aucune chaîne ne peuvent lui faire oublier qu'il est un être humain. Et comme, de ce fait, il est un être humain, donc, c'est en être humain qu'on doit le traiter. » (F. DOSTOIEVSKI, *Les Carnets de la maison morte*, Arles, Actes Sud, 1999, pp. 207-208).

INTRODUCTION

1. « C'est assez navrant, mais l'inertie est un mur auquel se heurtent les alertes incessantes du Contrôleur général des lieux de privation de liberté (CGLPL), sur l'état déplorable des lieux qu'il visite, prisons, hôpitaux psychiatriques, centres de rétention administrative (CRA), locaux de garde à vue, centres éducatifs fermés pour enfants (CEF). Certes, il y a bien quelques progrès. Mais trop peu. L'État semble endormi »[1].

Madame Dominique Simonnot, Contrôleure générale des lieux de privation de liberté, alertait ainsi en 2023 sur l'indignité des conditions d'incarcération en France. Cette déclaration d'une résonance particulière pose la problématique incessante de la gestion des centres de détention et suscite des questionnements légitimes sur les systèmes pénaux dans le monde, notamment en Europe et en Afrique.

2. Depuis les années 1980, on assiste à la détérioration progressive des conditions matérielles et fonctionnelles des établissements pénitentiaires, principalement en raison de la surpopulation carcérale[2]. La hausse de la criminalité et la fragilisation du contexte sécuritaire, marquée par la montée en puissance du terrorisme, ne plaide pas aujourd'hui en faveur d'un assouplissement des législations pénales. Au contraire, elles soulèvent « les passions, l'incompréhension, la peur et encouragent bien souvent les citoyens les plus pacifiques à réclamer des actions

---

[1] CONTRÔLEURE GÉNÉRALE DES LIEUX DE PRIVATION DE LIBERTÉ, *Rapport d'activité 2022*, [en ligne], [consulté le 28 mai 2023].

[2] AUBUSSON DE CAVARLAY Bruno, « Les lourdes peines dans la longue durée », *Comment sanctionner le crime ?*, Toulouse, Érès, 2002, p. 51-60.

drastiques et violentes de la part de leurs gouvernements »[1]. Dans cette perspective, tout individu impliqué ou soupçonné dans la commission d'une infraction n'est pas à l'abri de mesures privatives de liberté. Elles sont exécutées en principe sous l'autorité et le contrôle de l'État dans diverses catégories d'établissements pénitentiaires. Toutefois, face à l'incapacité de certains États d'absorber l'explosion du nombre de détenus dans les prisons publiques, émerge dans ces mêmes années aux États-Unis et au Canada, la privatisation des prisons[2]. Désormais, la puissance publique n'a plus le monopole de la gestion de ces structures. Elle confie également à des personnes privées des missions de prestations de service public en vue de renforcer la protection des droits fondamentaux des détenues[3]. Cependant, une quarantaine d'année après, cette industrialisation de l'univers carcéral connaît un succès assez nuancé[4].

3. Historiquement, l'exécution des peines de prison avait un caractère préventif et s'exécutait essentiellement par la peine de mort[5]. Il n'existait pas de bâtiments à usage

---

[1] BRUNET Louis, « Terrorisme, violence de masse et radicalisation. Du Moi idéal au désengagement identificatoire », *Le Carnet PSY*, 2015, p. 48-51.

[2] BENGHOZI Muriel, « La privatisation des prisons et la recherche », *Déviance et société*, 1987, p. 381-399.

[3] GUILBAUD Fabrice, « La privatisation des prisons. Entre marché et « dogme » sécuritaire », *Prisons sous tensions*, *Champ social*, 2011, p. 189-220.

[4] D. Jen, « Prisons privées à but lucratif : la porte ouverte à toutes les fenêtres chez l'Oncle Sam », *Aide-mémoire n°91* [en ligne], [consulté le 30 janvier 2023].

[5] CERE Jean-Paul, *La prison*, Dalloz, 2016, p. 1.

de prison[1]. En 817, le concile d'Aix-la-Chapelle[2] pose en Europe les prémices de la consécration d'un régime pénitentiaire garantissant quelques droits aux détenus, tel le droit aux visites[3]. Dans la Confédération Suisse, s'il est certain que c'est sous la loi du 13 mars 1822 sur l'établissement d'une prison pénitentiaire que naitra véritablement l'institution[4], il n'y avait pas jusqu'au XVIIIe siècle de prison telle que nous les connaissons aujourd'hui[5]. Progressivement, commence à émerger une prise de conscience au profit d'une véritable régulation de l'univers carcéral. Au Royaume-Uni, la *Petition of Rights* du 7 juin 1628 pose les bases de la prohibition des arrestations, détentions et maltraitances arbitraires[6]. À partir de la réforme pénitentiaire de la fin du XVIIe siècle, certains Comtés vont s'investir de manière significative dans

[1] AHMED Moussa, *Les droits de l'homme détenu : Étude comparative des droits français et égyptien*, Thèse de doctorat Droit, Paris 2, 2002, p. 5.
[2] Le concile d'Aix-la-Chapelle de 817 constitue un moment clé du règne de Louis le Pieux, fils et successeur de Charlemagne. Parmi les décisions prises, l'une des plus notables concerne le rôle accru des clercs : ceux-ci sont désormais tenus de visiter les prisonniers, de leur apporter un soutien moral et de veiller à ce qu'ils soient traités avec dignité.
[3] AHMED Moussa, *op. cit.*, p. 5.
[4] ROTH Robert, « Survol de l'histoire de la prison pénitentiaire », *Pratiques pénitentiaires et théorie sociale. L'exemple de la prison de Genève (1825 - 1862)*, Librairie Droz, « Travaux de Sciences Sociales », 1981, p. 169-180.
[5] Le Dictionnaire historique de la Suisse (DHS) « Prisons », publié le 20 mars 2015 [en ligne], [consulté le 30 avril 2024].
[6] Digithèque de matériaux juridiques et politiques, « Royaume-Uni de Grande-Bretagne et d'Irlande-du-Nord », [en ligne], [consulté le 30 avril 2024].

l'amélioration de leurs prisons[1]. En 1786, le grand-duc de Toscane supprime pour la première fois en Europe la peine de mort[2]. Le siècle des Lumières et la Révolution vont accélérer ce processus qui se matérialisera en France par quelques consécrations législatives. Sous l'Ancien Régime, la peine s'inscrivait dans une logique de conservation de l'ordre établi : elle constituait un instrument de régulation sociale destiné à réprimer toute atteinte à l'autorité en ce sens, elle visait moins à corriger qu'à dissuader, en frappant exemplairement les fauteurs de troubles, les esprits rétifs et les rebelles, afin de réaffirmer la souveraineté et la stabilité de l'ordre monarchique[3]. Toutefois, l'article 7 de la Déclaration des droits de l'homme et du citoyen (DDHC) de 1789 dispose que « nul homme ne peut être accusé, arrêté ni détenu que dans les cas déterminés par la loi, et selon les formes qu'elle a prescrites. Ceux qui sollicitent, expédient, exécutent ou font exécuter des ordres arbitraires, doivent être punis »[4]. L'article 2 du Code pénal de 1791 dispose que « la peine de mort consistera dans la simple privation de la vie, sans qu'il ne puisse jamais être exercé aucune torture envers les condamnés »[5]. Il s'agit d'une conception nouvelle de la peine dans laquelle la souffrance physique et psychologique ne sont plus des éléments constitutifs de la

---

[1] HARDMAN Philippa, *The Origins of Late Eighteenth-Century Prison Reform in England*, PhD thesis, University of Sheffield, 2007, p. 46.

[2] BADINTER Robert, *L'abolition de la peine de mort*, Dalloz, 2007, p. 2.

[3] AUDEGEAN Philippe et IPPOLITO Dario, « « La peine de mort n'est donc pas un droit. » La décision abolitionniste de Beccaria » [en ligne], *Histoire de la justice*, Association Française pour l'Histoire de la Justice, 2023, [consulté le 22 mai 2025].

[4] MELIN-SOUCRAMANIEN Ferdinand, *Les Constitutions de la France de la Révolution à la IVe République*, Dalloz, 2009, p. 2.

[5] Article 2 du Code pénal du 25 septembre - 6 octobre 1791, Titre premier-des peines en général.

sanction pénale[1]. Le châtiment du détenu passe ainsi « d'un art des sensations insupportables à une économie des droits suspendus »[2].

4. En Afrique précoloniale, la prison en tant que techniques pénales était ignorée[3]. Les seuls cas d'enfermements observés sur le continent étaient liés à des considérations cultuelles ou culturelles. Dans la société mandingue, le Serment des chasseurs du Manden ou Serment du Manden de 1222 était un instrument pertinent dans la promotion des droits de l'homme en ce qu'il garantissait la protection de la vie humaine et s'opposait, entre autres à l'esclavage[4]. Au terme de son article premier : « Les chasseurs déclarent : toute vie humaine est une vie. Il est vrai qu'une vie apparaît à l'existence avant une autre vie, mais aucune vie n'est plus ancienne, plus respectable qu'une autre vie, de même qu'une vie n'est pas supérieure à une autre vie »[5]. La Charte de Kouroukan Fuga instaurée en 1236 après la bataille historique de Kirina stipulait en son article 5 que « chacun a le droit à la vie et à la préservation de son intégrité physique »[6]. Il était donc

---

[1] FOUCAULT Michel, *Surveiller et punir*, Gallimard, 1975, p. 16.
[2] *Ibid.*
[3] BERNAULT Florence, « Introduction » *Enfermement, prison et châtiments en Afrique. Du 19e siècle à nos jours*, Karthala, 1999, p. 13-14.
[4] TOURÉ Hamadoun Hassèye, « Le serment des chasseurs du Manden, la Charte de Kurukanfuga et la problématique des droits humains », *Revue Malienne De Langues Et De Littératures*, 2020, p. 1-16.
[5] DIAGNE Souleymane Bachir, « Philosophie africaine et Charte africaine des droits de l'homme et des peuples », *Critique*, 2011, p. 664-671.
[6] LESSENE Ghislain Patrick, *Vers la consécration d'un principe de la légalité des lieux de détention. L'exemple de l'Afrique subsaharienne francophone*, LGDJ, 2012, p. 109.

formellement interdit de porter atteinte au droit fondamental à la vie et à l'intégrité physique en toute circonstance dans cette société traditionnelle. L'avènement et l'omniprésence des établissements pénitentiaires dans le monde contemporain africain résultent de l'épisode tragique de la colonisation[1]. L'existence même de la peine de mort dans les législations pénales des États africains est le fruit du legs colonial. Dans son opinion partiellement dissidente sous les arrêts *Thomas Mgira c. Tanzanie*[2] et *Umalo Mussa c. Tanzanie*[3], le juge Blaise Tchikaya rappelle que « les États africains ont en effet hérité des mêmes bases rationnelles et politiques des 18ème et 19ème siècles européens »[4]. Si la réalité de l'univers carcéral est progressivement mise à nu, l'enjeu de la protection de la dignité humaine à l'intérieur de ces établissements demeure une préoccupation oppressante à laquelle des réponses urgentes s'avèrent indispensables.

5. Certains États prennent tout de même des mesures pour garantir le respect de la dignité humaine à l'intérieur de ces structures. En 2019, la Belgique a entrepris une modification substantielle de son dispositif législatif pénitentiaire. Elle a estimé que la mise en œuvre d'une politique adéquate en faveur des agents pénitentiaires, « ambassadeurs de l'État de droit », constitue une condition *sine qua non* pour garantir les droits fondamentaux des

---

[1] BERNAULT Florence, *op. cit.*, p. 13-14.

[2] CADHP, *Thomas Mgira c. République-Unie de Tanzanie*, Requête n° 003/2019, arrêt du 13 juin 2023.

[3] CADHP, *Umalo Mussa c. République-Unie de Tanzanie*, Requête n° 031/2016, arrêt du 13 juin 2023.

[4] Juge Blaise Tchikaya, Opinion partiellement dissidente sous les Arrêts CADHP, *Thomas Mgira c. Tanzanie* et *Umalo Mussa c. Tanzanie*, 13 juin 2023, § 16.

détenus[1]. En dépit de ces quelques progrès, les détenus sont « majoritairement abandonnés dans des cachots obscurs, sordides, propices à tous maux ainsi qu'à la corruption morale et physique des reclus et de leurs geôliers »[2]. Cette situation d'amertume, loin d'être l'apanage des régimes autoritaires, se manifeste de manière récurrente même au sein des sociétés dites démocratiques, pourtant réputées pour faire de la protection des droits de l'homme une priorité. Certes, l'institution pénitentiaire constitue généralement un « lieu clos séparé de la société »[3], mais « la justice ne saurait s'arrêter à la porte des prisons »[4]. Par cette formule magistrale, la Cour européenne des droits de l'homme (CEDH) pose le principe de la protection juridique des personnes privées de liberté. Elle ajoute qu'« il n'est nullement question qu'un détenu soit déchu de ses droits par la Convention du simple fait qu'il se trouve incarcéré à la suite d'une condamnation »[5]. Cette première décision a eu un écho favorable auprès de la Cour suprême des États-Unis qui a affirmé dans l'arrêt *Turner v. Safley* du 1er juin 1987 qu'« il est certain que les murs de la prison ne forment pas une barrière séparant les détenus de la protection de la

[1] NEDERLANDT Olivia, « Les agents pénitentiaires : des ambassadeurs de l'État de droit. La Cour constitutionnelle belge valide la loi du 23 mars 2019 qui règle l'organisation des services pénitentiaires et prévoit un service minimum garanti en temps de grève en prison », *Revue trimestrielle des droits de l'Homme*, 2022, p. 623-658.

[2] CERE Jean-Paul, *op. cit.*, p. 2.

[3] HARRAR MASMOUDI Wafa, « Le statut du détenu malade », *Droit, Santé et Société*, 2018, p. 59-77.

[4] CEDH, *Campbell et Fell c. Royaume-Uni*, Requête n°7819/77 ; 7878/77, arrêt du 28 juin 1984.

[5] CEDH, *Hirst c. Royaume-Uni*, 6 octobre 2005.

Constitution »[1]. Cependant, le sens même du concept de dignité humaine n'est pas aisé à saisir.

I. La compréhension du concept de dignité humaine

6. Le terme de "concept" renvoie à « une représentation mentale abstraite »[2]. C'est le produit d'un « acte recréateur de la réalité »[3]. Dans la science juridique, leur élaboration est indispensable, car ils « sont tout à la fois des éléments qui composent les normes juridiques mais aussi des instruments grâce auxquels nous (les juristes) étudions, analysons ces normes, aux moyens desquels nous participons à la création, à l'imagination du droit positif de demain »[4]. La dignité de la personne humaine est un concept usuel dont les contours sont complexes à cerner. Pourtant, que ce soit dans les discours religieux, philosophiques, politiques ou juridiques, son usage est devenu banal. Or, « qui peut prétendre connaître la dignité de la personne humaine ? Qui peut savoir ce qu'exige son plein respect ? Qui pourra en mesurer tous les effets ? Quel

---

[1] Arrêt *Turner v. Safley*, 482 U.S. 78 (1987), cité par RIGAUX François, *La protection de la vie privée et des autres biens de la personnalité*, Bruyant et LGDJ, 1990, p. 572.
[2] FRECON Guy, « Chapitre 1. Savoir définir et quantifier un concept », *Formuler une problématique. Dissertation, Mémoire, Thèse, Rapport de stage*, Dunod, 2012, p. 5-10.
[3] DROSS William, « L'identité des concepts juridiques : quelles distinctions entre concept, notion, catégorie, qualification, principe ? », *Critique et usage des concepts en droit*, 2012, p. 2229-2235.
[4] PONSARD Régis, « De la nécessité des concepts dans l'analyse du droit. Fabriquer consciemment des instruments d'analyse scientifiquement autonomes, ajustés et visionnaires », *Revue française de droit constitutionnel*, 2019, p. 797-824.

est ce mystère ? »[1]. La dignité de la personne humaine est un concept mystérieux, fourre-tout et galvaudé[2]. Paradoxalement, la science juridique tout entière est allergique aux notions ou concepts insaisissables. Le Doyen Jean Rivero faisait observer que :

> « Le matériau qu'utilise la norme, ce sont les mots ; de la précision des termes choisis pour la formuler, de leur exacte adéquation à l'objet qu'elle entend saisir et discipliner, dépend pour l'essentiel, son efficacité. (…) Face à des réalités complexes ou à des notions abstraites, dont le langage courant cerne mal les contours, la règle qui entend les appréhender laisse à l'interprète une marge dans laquelle l'insécurité qu'elle a pour mission de combattre va trouver un refuge. La terminologie des valeurs relève au premier chef de cette observation (ainsi en est-il) de la dignité humaine »[3].

Certes, le juriste éprouve des difficultés à se prononcer sur des concepts dont le contenu normatif n'est pas clairement défini[4], mais, aucun d'eux n'échappe à sa capacité de réflexion et d'analyse[5].

7. En parcourant différents dictionnaires à la recherche d'une définition satisfaisante de la dignité humaine, on s'aperçoit de l'ambigüité tangible du concept. Pour Rémy Cabrillac, il faut entendre par dignité de la personne, « tout

---

[1] MAURER Béatrice, *op. cit.*, p. 7.

[2] CASSIA Paul, *Dignité (s). Une notion juridique insaisissable* ?, Dalloz, 2016, p. 18.

[3] RIVERO Jean, « Intérêts vitaux de la nation et fins humaines du pouvoir », in Licéité en droit positif et Références légales aux valeurs, Contribution à l'étude du règlement juridique des conflits de valeurs en droit pénal, public et international, Cité par MAURER Béatrice, *op. cit.*, p. 23.

[4] FEUILLET-LIGER Brigitte, ORFALI Kristina, *La dignité de la personne : quelle réalité ? Panorama international*, Bruylant, 2016, p. 185.

[5] PONSARD Régis, *op. cit.*, p. 797-824.

ce qu'il faut respecter dans l'Homme en tant que tel. Elle s'oppose à tout ce qui peut dégrader la personne humaine, l'humilier »[1]. Pour Thierry Debard et Serge Guinchard, la dignité de la personne humaine est la « valeur infinie de la personne humaine, qui commande de toujours la traiter comme une fin, et jamais comme un moyen. C'est l'attribut fondamental de la personnalité humaine, qui la fonde à la fois comme sujet moral et sujet de droit »[2]. André Lalande estime que la dignité humaine est « un principe moral énonçant que la personne humaine ne doit jamais être traitée seulement comme un moyen, mais comme une fin en soi »[3]. Il découle de ces différentes définitions que la dignité humaine est un concept qui place la personne humaine au centre de tout. Elle ne doit pas également être assimilée à l'honneur. Si pour Simone Weil, l'honneur est un « besoin vital de l'âme humaine »[4], il ne se confond pas avec la dignité de la personne humaine, car il semble lié à des considérations subjectives résultant d'une tradition, de l'histoire d'un individu, d'une famille ou d'un groupe ou du rang social. L'honneur relève ainsi de l'ordre de la grandeur, du prestige et de la réputation[5]. La dignité humaine a été saisie progressivement par la théologie, la philosophie et le droit.

---

[1] CABRILLAC Rémy, *Dictionnaire du vocabulaire juridique 2021*, LexisNexis, 2020, p. 198.

[2] DEBARD Thierry ; GUINCHARD Serge, *Lexique des termes juridiques 2022-2023*, Dalloz, 2022, p. 379.

[3] LALANDE André, *Vocabulaire technique et critique de la philosophie*, PUF, 1988, p. 236.

[4] WEIL Simone, *L'enracinement, prélude à une déclaration des devoirs envers l'être humain*, Gallimard 1949, p. 31-32.

[5] BONI Tanella, « La dignité de la personne humaine : De l'intégrité du corps et de la lutte pour la reconnaissance », *Diogène*, 2006, p. 65-76.

A. De la théologie

8. Étant « une quête d'intelligibilité de la condition et de la destinée humaine, la question de la dignité à plus une raison d'être aussi théologique »[1]. Les théologiens ont été les premiers à étudier ce concept mystérieux afin de comprendre ses tenants et aboutissants. Toutes les religions, sans exception, affirment la sacralité de la vie humaine. La reconnaissance de la dignité de la personne humaine est une implication de cette sacralité longtemps prônée par la religion chrétienne catholique à partir de l'interprétation des textes sacrés. Cette position de l'Église repose sur un principe simple : « La dignité de la personne humaine est fondée sur la création de l'homme à l'image de Dieu et sur l'œuvre rédemptrice de Dieu fait à l'homme »[2]. Cette assertion nous montre la très grande dignité de toute personne humaine dans les valeurs chrétiennes[3]. Mieux, elle affirme que l'homme est le fils de Dieu. Cette qualité lui confère « une place incomparable dans l'ordre naturel que l'homme tire sa dignité »[4]. Enfin, de toutes les créatures terrestres,

> « seul l'homme est une "personne, sujet conscient et libre", et, pour cela, "centre et sommet" de tout ce qui existe sur la terre. Sa dignité de personne est le bien le plus précieux que l'homme possède, grâce à quoi il dépasse en valeur tout le monde matériel (...) l'homme ne vaut pas parce qu'il "a" -même s'il possédait le monde entier- mais

---

[1] DILENS Anne-Marie, VAN MEENEN Bernard, *La dignité aujourd'hui. Perspective philosophiques et théologiques,* Facultés universitaires de Saint-Louis, 2007, p. 125.
[2] MAURER Béatrice, *op.* cit., p. 33.
[3] Encyclique *Laudato* si' (2015) n°65.
[4] LEBRETON Gilles, *Libertés publiques et droits de l'Homme*, SIREY, 2009, p. 29.

parce qu'il "est". Les biens du monde ne comptent pas autant que le bien de la personne, le bien qui est la personne même »[1].

9. C'est sans doute ce qui faisait dire au Pape Léon XIII dans sa célèbre encyclique *Rerum novarum* de 1891 : « cette dignité de l'homme que Dieu lui-même traite avec un grand respect, il n'est permis à personne de la violer impunément ni d'entraver la marche de l'homme vers cette perfection qui répond à la vie éternelle et céleste »[2]. La dignité a donc une valeur spirituelle, morale, incompatible avec le moindre début de traitement dégradant à l'égard de la personne humaine. Toutefois, les théologiens établissent tout de même une hiérarchie entre la dignité humaine et la dignité divine en affirmant la supériorité de la seconde. Dans sa question 29, Thomas d'Aquin déclarait que « la dignité de la nature divine surpasse toute dignité »[3]. La démystification de ce concept n'a pas échappé à la philosophie.

B. À la philosophie

10. De nombreux auteurs s'accordent à reconnaître que le concept de dignité de la personne humaine est imprégné de la philosophie Kantienne[4]. Emmanuel Kant reste la

---

[1] Encyclique *Christifideles laici* n° 37, 1988.

[2] LEBRETON Gilles, *op. cit.*, p. 57-58.

[3] D'AQUIN Thomas, *Somme théologique*, Edition numérique, Bibliothèque de l'édition du Cerf, 1984, p. 443.

[4] GABRIEL Marcel, *La dignité humaine et ses assises existentielles*, Edition Aubier-Montaigne, 1964, p. 167.

référence philosophique sur le sujet[1]. À ce titre, il affirmait que « dans le règne des fins tout a un prix ou une dignité. Ce qui a un prix peut être aussi bien remplacé par quelque chose d'autre, à titre d'équivalent ; au contraire, ce qui est supérieur à tout prix, et par suite n'admet pas d'équivalent, c'est ce qui a une dignité »[2]. Il fait ici une distinction fondamentale entre les choses et la personne humaine. Si les choses sont par principe monnayables, la dignité de la personne humaine l'exclut de tout marchandage. Mieux, elle est universelle et ne peut varier en fonction de la situation géographique, des actes, des moyens ou de la fonction sociale de chaque individu[3]. Ainsi :

> « La dignité ne s'évalue pas, ne se mesure pas, ne se divise pas. Elle ne saurait donc entrer dans un rapport de comparaison. (…) Elle est en tout homme, intrinsèquement, entièrement, également, définitivement. On est homme, sans condition. On est homme, universellement, sans aucune limite, ni aucun relativisme, tout simplement, et sans qu'il soit besoin de définir ce qu'est l'humanité, et donc la dignité »[4].

S'inscrivant dans cette perspective, Gabriel Marcel considère la dignité inhérente à la personne humaine comme une valeur intrinsèque, absolue, inaliénable et

---

[1] D'ONORO Joel-Benoît, *La dignité au regard du droit*, Actes du XXVIIe colloque national de la Confédération des Juristes catholiques de France, Edition Pierre Tequi, 2015, p. 41.

[2] KEMP Peter, « Du bon usage de l'idée de dignité », *Diogène*, 2016, p. 91-96.

[3] VERNET Alain, BOUTET Cyril, AUBERT Jean-François et al., « Le respect de la dignité de la personne humaine. Précisions sémantiques et conceptuelles à propos de cet impératif catégorique », *L'information psychiatrique*, 2016, p. 231-240.

[4] *Ibid.*

universelle[1]. En revanche, devant l'ambigüité du concept, certains philosophes contemporains comme Claude Lévi-Strauss vont jusqu'à nier la dignité de la personne humaine en affirmant qu'il s'agit d'une vue de l'esprit[2]. Quoi qu'il en soit, ce concept en tant qu'objet d'étude n'a pas échappé à la philosophie. À travers des critiques parfois contradictoires, elle a contribué un tant soit peu à lever le voile sur son ambigüité. Le droit figure parmi les dernières disciplines à s'être penchées sur cette problématique.

C. Au droit

11. La dignité de la personne humaine fait l'objet de consécration dans les ordres juridiques internes, régionaux et internationaux. Au niveau national, certains États l'ont consacré dans leurs Constitutions. L'article 1er de la Loi fondamentale allemande du 23 mai 1949 dispose que « la dignité de l'être humain est intangible. Tous les pouvoirs publics ont l'obligation de la respecter et de la protéger. En conséquence, le peuple allemand reconnaît à l'être humain des droits inviolables et inaliénables comme fondement de toute communauté humaine ». L'article 24 de la Constitution fédérale de la Confédération Suisse de 1999 dispose qu'elle assure « la protection de la dignité humaine, de la personnalité et de la famille ». L'article 2 de la Constitution ivoirienne de 2016 dispose que « la personne humaine est sacrée. Les droits de la personne humaine sont

---

[1] SAMBUC Cléa, LE COZ Pierre, « La dignité humaine kantienne : une justification théorique des transplantations d'organes ? », *Raison publique*, 2012, p. 219-238.
[2] MAURER Béatrice, *op*. cit., p. 39.

inviolables. Tout individu a droit à la dignité humaine et à la reconnaissance de sa personnalité juridique ». L'article 1er de la Constitution portugaise de 1976 dispose que « le Portugal est une République souveraine fondée sur la dignité de la personne humaine ». L'article 39 de la Constitution algérienne de 2020 dispose également que « l'État garantit l'inviolabilité de la personne humaine. Toute forme de violence physique et morale et d'atteinte à la dignité est proscrite ». Toutefois, certains États n'ont pas procédé à une consécration constitutionnelle expresse de ce principe. C'est le cas des États-Unis où le concept de dignité n'est prévu dans aucun texte fondateur de la fédération[1], du Cameroun, des Comores, ou de la France. Le Conseil constitutionnel (CC) français reconnaîtra pour la première fois le respect du principe constitutionnel de sauvegarde de la dignité de la personne humaine dans l'affaire *Bioéthique* du 27 juillet 1994[2]. C'est donc à partir de cette décision que l'on peut véritablement dater l'entrée de ce concept dans le droit constitutionnel français.

12. Au niveau régional, à l'exception de la Convention européenne des droits de l'homme (Conv.EDH), la Convention américaine relative aux droits de l'homme (CADH), connue également sous le nom de Convention de San José du 22 novembre 1969, consacre la dignité de la personne humaine aux articles 5-2, 6-2 et 11-1. La Charte

---

[1] ZOLLER Élisabeth, « La dignité de la personne humaine dans la jurisprudence de la Cours suprême des États-Unis », Conférence-débat du CDPC sur la dignité de la personne humaine, Cycle, « Les valeurs du droit public », *Revue générale du droit*, 30 octobre 2014.

[2] CC, Décision n° 94-343/344 DC du 27 juillet 1994, *Loi relative au respect du corps humain et loi relative au don et à l'utilisation des éléments et produits du corps humain, à l'assistance médicale à la procréation et au diagnostic prénatal.*

africaine des droits de l'homme et des peuples (Char.ADHP) du 27 juin 1981, « dernière-née » des Conventions régionales de protection des droits de l'homme[1] consacre également ce principe dès son préambule et aux articles 5 et 19.

13. Au niveau international, toutes les Conventions de protection des droits de l'Homme affirment que la dignité humaine est le fondement des droits de l'homme[2]. Le préambule de la Charte des Nations unies du 26 juin 1945 proclame à nouveau sa « foi dans les droits fondamentaux de l'homme, dans la dignité et la valeur de la personne humaine, dans l'égalité de droits des hommes et des femmes, ainsi que des nations, grandes et petites ». Le préambule de la Déclaration universelle des droits de l'homme (DUDH) du 10 décembre 1948 stipule que « la reconnaissance de la dignité inhérente à tous les membres de la famille humaine et de leurs droits égaux et inaliénables constitue le fondement de la liberté, de la justice et de la paix dans le monde ». L'article 1er ajoute que « tous les êtres humains naissent libres et égaux en dignité et en droits »[3]. Conformément aux principes énoncés dans la Charte des Nations Unies, le Pacte international relatif aux droits civils et politiques (PIDCP) et le Pacte international relatif aux droits économiques, sociaux et culturels (PIDESC) du 16 décembre 1966 réaffirment dans leurs préambules que « la reconnaissance de la dignité inhérente à tous les membres

---

[1] BEN ACHOUR Rafaâ, « La Convention européenne et la Charte africaine » [en ligne], Persée - Portail des revues scientifiques en SHS, 2020, [consulté le 11 juin 2025].

[2] OBERDORFF Henri, *Droits de l'homme et libertés fondamentales*, LGDJ, 2021, p. 553.

[3] HENNETTE-VAUCHEZ Stéphanie, *La déclaration universelle des droits de l'Homme,* Dalloz, 2018, p. 55.

de la famille humaine et de leurs droits égaux et inaliénables constitue le fondement de la liberté, de la justice et de la paix dans le monde ». Le préambule de la Convention contre la torture et autres peines ou traitements cruels, inhumains ou dégradants du 10 décembre 1984 affirme que les « droits égaux et inaliénables de tous les membres de la famille humaine (...) procèdent de la dignité inhérente à la personne humaine ». En dépit de toutes ces consécrations, la protection de la dignité humaine du détenu semble un leurre.

II. Le détenu et la dignité inhérente à la personne humaine

14. Le détenu est selon le *Vocabulaire juridique* Gérard Cornu « tout individu privé de liberté et incarcéré dans un établissement pénitentiaire, soit tout individu détenu en raison d'une mesure judiciaire (détention provisoire), ou d'une mesure de répression (condamnation) ; ne doit pas être confondu avec l'individu placé en garde de vue ou sous contrôle judiciaire, ou enfin, tout individu placé sous écrou, quel que soit le régime pénitentiaire appliqué »[1]. Selon le Dictionnaire juridique Catherine Puigelier, le détenu est simplement une personne incarcérée[2]. Dans le cadre de cette étude, la notion de détenu doit être comprise *lato sensu*. Il s'agit de toute personne privée de sa liberté, qu'elle soit en garde à vue, en détention provisoire ou purgeant une peine d'emprisonnement dans un établissement pénitentiaire. En raison de sa dignité intrinsèque, le détenu

---

[1] CORNU Gérard, *op. cit.*, p. 338.

[2] PUIGELIER Catherine (dir.), *Dictionnaire juridique*, Bruylant, 2020, p. 362.

ne saurait être traité comme un animal[1] ou un objet[2]. Certes, la détention ne peut pas, par principe, être synonyme de liberté, néanmoins, elle ne doit pas signifier non plus violation de la dignité humaine[3]. Elle ne peut nier à l'individu sa qualité d'Homme en dépit des faits gravissimes qu'il aurait commis. Elle n'a d'ailleurs pas vocation à l'être. Parlant de l'esclave, Marcel Conche affirmait qu'il est un homme, mais sans doute pas au même degré que l'homme libre[4]. Autrement dit, même l'esclavage, la pire forme d'avilissement de la nature humaine, ne nie pas à l'individu sa qualité humaine, d'où la protection de sa dignité. S'il est certain que la différence majeure entre le détenu et l'homme libre demeure la privation de liberté du premier, excepté la liberté d'aller et venir[5], il devrait pouvoir bénéficier de la protection de sa dignité qui implique la garantie de nombreux droits. L'une des conséquences du mépris de ce principe serait la remise en cause de la fonction même des établissements pénitentiaires. Cette protection n'étant pas toujours effective, les juridictions régionales européenne et africaine des droits de l'homme jouent un rôle non négligeable dans ce sens.

---

[1] MANET Martial, *Le devenir juridique de la dignité. Une étude de la Charte africaine des droits de l'homme et des peuples*, L'Harmattan, 2019, p. 15.

[2] MELIN-SOUCRAMANIEN Ferdinand, *Libertés fondamentales*, Dalloz, 2021, p. 115.

[3] GILLOT-ASSAYAG Laure, « La santé en prison : les vulnérabilités des prisonniers à la lumière du droit », Érès, *Revue française d'éthique appliquée*, 2022, p. 155-170.

[4] CONCHE Marcel, « La liberté, propre de l'homme », *L'Enseignement philosophique*, 2012, p. 4-12.

[5] MAURER Béatrice, *op. cit.*, p. 15.

III. La saisine de la dignité humaine du détenu par les Cours européenne et africaine de protection des droits de l'homme : une approche comparative

15. La Cour européenne des droits de l'homme[1] est instituée par la Convention de sauvegarde des droits de l'homme et des libertés fondamentales. Elle a été signée à Rome le 4 novembre 1950 au lendemain de la Seconde Guerre mondiale et définitivement entrée en vigueur en 1953 pour protéger les droits de l'homme après toutes les atrocités vécues[2]. Son importance est indéniable parce qu'elle a été la première convention à mettre en place un mécanisme de garanties des droits consacrés en combinant droit de recours individuel et mise en place d'une juridiction internationale après l'échec de la DUDH[3]. Ce texte renforce de manière significative la protection des droits de l'homme entre les États européens ayant la même conception des droits de l'homme et des libertés fondamentales. Cette vision commune est perceptible dès le préambule de la convention où il est précisé que les « gouvernements d'États européens animés d'un même esprit et possédant un patrimoine commun d'idéal et de traditions politiques, de respect de la liberté et de prééminence du droit, à prendre les premières mesures propres à assurer la garantie collective de certains des droits énoncés dans la Déclaration universelle ». C'est donc cette Cour qui veillera à la bonne mise en œuvre des droits garantis expressément par la Convention, qui sont pour l'essentiel le

---

[1] Ci-après : la « Cour européenne » ou la « Cour de Strasbourg ».

[2] MODERNE Franck, *La Convention européenne des droits de l'homme*, Dalloz, 2019, p. 1.

[3] WACHSMANN Patrick, *Les Droits de l'homme*, Dalloz, 2018, p. 166.

> « droit à la vie ; interdiction de la torture ; interdiction de l'esclavage et du travail forcé ; droit à la liberté et à la sûreté ; droit à un procès équitable ; pas de peine sans loi ; droit au respect de la vie privée et familiale ; liberté de pensée, de conscience et de religion ; liberté d'expression ; liberté de réunion et d'association ; droit au mariage ; droit à un recours effectif ; interdiction de la discrimination »[1].

Cependant, la société étant évolutive, la Cour fait constamment une interprétation constructive de la Convention pour l'adapter aux besoins nouveaux de l'Europe. C'est ainsi qu'elle s'est saisie de la dignité humaine du détenu.

16. À l'instar de la Cour de Strasbourg, la Cour africaine des droits de l'homme et des peuples[2] est au cœur de la protection des droits de l'homme en Afrique. Elle a pour mission de comprendre, d'interpréter et de faire appliquer la Charte africaine. Elle assure une protection quasiment équivalente à celle des droits et libertés consacrés par la Convention européenne, parmi lesquels figurent :

> « Le droit à la vie (article 2 CEDH; article 4 ChADHP); interdiction de la torture (article 3 CEDH; article 5 ChADHP); interdiction de l'esclavage et du travail forcé (article 4 CEDH; article 5 ChADHP); droit à la liberté et à la sûreté (article 5 CEDH; article 6 ChADHP); droit à un procès équitable (article 6 CEDH; article 7 ChADHP); Pas de peine sans loi (article 7 CEDH; article 7(2) ChADHP); liberté de pensée, de conscience et de religion (article 9 CEDH; article 8 ChADHP); liberté d'expression (article 10 CEDH; article 9 ChADHP); liberté de réunion et d'association (article 11 CEDH; articles 10-11 ChADHP); interdiction de discrimination (article 14 CEDH; article 2 ChADHP) ».

---

[1] MODERNE Franck, *op.cit.*, p. 5-12.

[2] Ci-après : la « Cour africaine » ou la « Cour d'Arusha ».

Sa création est le résultat d'une « intense diplomatie juridique »[1]. La proposition aux puissances coloniales et aux États africains nouvellement indépendants d'élaborer une Convention africaine des droits de l'homme prévoyant la création d'une juridiction appropriée et des voies de recours effectives a été faite par la Commission internationale des Juristes (CIJ)[2] lors du Congrès africain sur « la Primauté du Droit » qui s'est tenu à Lagos du 3 au 7 janvier 1961[3]. Cette incitation ne signifie nullement que les traditions africaines méconnaissaient la Justice, encore moins les droits de l'homme. D'ailleurs, l'avant-propos est tout à fait éclairant :

> « La Commission internationale de Juristes ne s'est pas rendue en Afrique pour prêcher la Vérité, mais pour ouvrir une discussion (...), c'est parce qu'elle savait combien l'amour de la justice est puissamment enraciné dans les traditions africaines, et qu'elle voulait confronter ces traditions avec les systèmes juridiques implantés par les puissances coloniales »[4].

En réalité, il ne s'agissait pas pour cette ONG de s'ériger en donneur de leçon en prêchant une vérité préalablement connue des Africains, mais d'ouvrir une discussion en vue d'une harmonisation entre les nombreuses traditions du

---

[1] BURGORGUE-LARSEN Laurence, *Les 3 Cours régionales des droits de l'homme, in context. La justice qui n'allait pas de soi*, Editions Pedone, 2020, p. 45-46.

[2] La Commission internationale de Juristes est une organisation non gouvernementale qui jouit du statut consultatif de la catégorie B auprès du Conseil économique et social des Nations Unies. Elle a pour but de faire connaître et promouvoir le Principe de la Légalité et la notion de la Primauté du Droit.

[3] BADUGUE Patrick, *Manuel de la Cour africaine des droits de l'homme et des peuples*, L'Harmattan, 2020, p. 13.

[4] Rapport sur les travaux du Congrès sur la Primauté du Droit à Lagos (Nigeria) du 3-7 janvier 1961 [en ligne], [consulté le 20 février 2023].

continent et la conception européenne des droits de l'homme fondée principalement sur la protection juridictionnelle des droits individuels. Or, en écrivant dans son avant-propos précité que c'est « au cours des années cruciales de leur émancipation [que] les Africains ont forgé une notion de la dignité humaine dont la portée ne saurait être limitée », la CIJ niait le caractère inhérent et intrinsèque de la dignité humaine. Contrairement aux idées reçues selon lesquelles les droits de l'homme auraient émergé en Europe entre le XVIIe et le XVIIIe siècles[1], ils « ne sont pas apparus en un jour, en un lieu, datés et situés »[2]. Ils sont « d'une part, « attachés » à l'individu et reposent sur la dignité inhérente à la qualité d'être humain et qu'ils sont, d'autre part, pensés comme préexistants et supérieurs à toute forme d'organisation politique »[3]. Aucune civilisation ne peut objectivement revendiquer la paternité de ces droits, dans la mesure où ils sont des droits innés[4]. Mieux, ils « sont avant tout une « idée » qui, à l'image de la vie dont ils sont l'émanation, traverse l'existence humaine sous des formes diverses »[5]. C'est dans cette perspective que la professeure

---

[1] HANFFOU NANA Sarah, *La Cour africaine des droits de l'Homme et des peuples. Étude à la lumière de l'expérience européenne*, Connaissance et Savoir, 2016, p. 47.

[2] DE LANVERSIN Jacques, *Les droits de l'homme et le bonheur en plus*, Paris, Economica, 1989, p. 16.

[3] FAVOREU Louis ; GAÏA Patrick ; PENA Annabelle ; ROUX André ; SOFFONI Guy ; DUFFY Aurélie ; FASSASSI Idris ; LE BOT Olivier ; PECH Laurent, *Droit des libertés fondamentales*, Dalloz, 2021, p. 15.

[4] SÄGESSER Caroline, « Les droits de l'homme », *Dossiers du CRISP*, 2009, p. 9-96.

[5] BAH Henri, « La carte d'identité des droits de l'homme : À la quête d'une identité aux enjeux multiples », *Les lignes de Bouaké-la-Neuve*, 2010, p. 1-22.

Charlotte Denizeau les qualifient de patrimoine commun de l'humanité[1].

17. À la suite de nombreux compromis, la Charte africaine des droits de l'homme et des peuples est adoptée à la 18e conférence des chefs d'États et de gouvernement de l'Organisation de l'Unité Africaine (OUA)[2] le 27 juin 1981 à Nairobi, au Kenya. Elle entre finalement en vigueur le 21 octobre 1986. Elle prévoyait la mise en place d'une Commission africaine[3], organe quasi-juridictionnel de protection des droits de l'homme[4]. L'échec de cette dernière en raison de nombreux dysfonctionnements institutionnels[5] a contraint les États à opter pour la Cour africaine, organe juridictionnel à caractère dissuasif et répressif en cas de violation des droits de l'homme[6]. Elle a été créée par le protocole à la charte africaine du 09 juin 1998 adopté à Ouagadougou, Burkina Faso par la conférence des Chefs

---

[1] DENIZEAU Charlotte, *Droit des libertés fondamentales*, Vuibert, 2022-2023, p. 4.

[2] L'Organisation de l'Unité africaine (OUA) est la première institution continentale africaine créée en mai 1963 à Addis-Abeba, en Éthiopie par 32 Chefs des États africains qui avaient accédé à l'indépendance.

[3] La Commission africaine des Droits de l'homme et des peuples est établie par la Charte africaine le 2 novembre 1987 à Addis-Abeba, en Éthiopie. Elle est officiellement chargée de trois principales missions que sont la protection des droits de l'homme et des peuples, la promotion des droits de l'homme et des peuples et enfin, l'interprétation de la Charte africaine [en ligne], [consulté le 21 février 2023].

[4] BEN ACHOUR Rafaâ, *op. cit.*

[5] BURGORGUE-LARSEN Laurence, *op. cit.*, p. 131-133.

[6] NOAUZI KEMKENG Carole Valérie, *La protection des droits de l'homme en Afrique. L'interaction entre la Commission et la Cour africaines des droits de l'homme et des peuples,* L'Harmattan, 2020, p. 29.

d'État et de Gouvernement de l'OUA[1]. Elle est censée disparaître dans le futur pour faire place à une nouvelle Cour de justice dénommée « Cour africaine de justice et des droits de l'homme »[2]. Il s'agira d'une fusion de la Cour africaine de justice de l'Union Africaine (UA) et de la CADHP. Néanmoins, elle est toujours en vigueur et est à ce jour l'unique juridiction régionale en matière de protection des droits de l'homme. Elle a eu l'opportunité de consacrer la protection de la dignité humaine du détenu dans plusieurs affaires.

18. Cette étude croisée des jurisprudences de la Cour européenne des droits de l'homme et de la Cour africaine des droits de l'homme et des peuples permet d'appréhender les tenants et aboutissants de la protection prétorienne de la dignité humaine du détenu dans les deux systèmes. Une telle démarche comparative s'inscrit dans une perspective plus large : « travailler au rapprochement des peuples en facilitant leur mutuelle intelligence, tel doit être aujourd'hui l'objectif essentiel, telle est l'utilité fondamentale des études comparatives »[3].

---

[1] AJABU MASTAKI Gabriel, *Les défis de la mise en œuvre de la saisine individuelles dans les juridictions régionales des droits de l'homme* [en ligne], [s. n.], 2023, p. 1, [consulté le 29 avril 2025].

[2] Décision prise lors de la 3e Session ordinaire de l'Assemblée des chefs d'État et de gouvernement de l'Union africaine tenue en juillet 2004. Le Protocole relatif à la nouvelle Cour a été adopté en 2008. En mars 2015, onze États africains ont signé le Protocole. Voir, GUELDICH Hajer, « La future cour africaine de justice et des droits de l'homme : de la pertinence normative aux considérations pratiques » [en ligne], [consulté le 20 février 2023].

[3] Déclaration de LÉVY–ULLMAN Henry sur la chaire de droit civil comparé à l'Université de Paris ; citée par SCHWARZ-LIEBERMANN

V. Problématique

19. Aussi longtemps que la personne humaine restera sacrée, toute étude sur la protection de sa dignité aura nécessairement un intérêt, surtout qu'émerge le débat sur le retour de la peine de mort et la légitimation de la torture. La doctrine a largement soutenu la valeur universelle des droits de l'homme[1]. L'universalité signifie que « les êtres humains jouissent des mêmes droits fondamentaux du seul fait de leur humanité, où qu'ils vivent et qui qu'ils soient, indépendamment de leur statut ou de toute caractéristique particulière »[2]. Il ne fait nul doute que la dignité humaine est le noyau dur des droits de l'homme. Pourtant, en jetant un coup d'œil sur les systèmes juridiques dans le monde, on s'aperçoit qu'ils sont frappés par un relativisme difficilement contestable[3]. Si le concept de dignité humaine est universel, les conventions ne permettent pas de saisir son contenu normatif, notamment dans le cadre de la détention. En l'absence de dispositions explicites dans la Convention européenne des droits de l'homme et dans la

---

VON WAHLENDORF Hans-Albrecht, *Droit comparé : théorie générale et principes*, Paris, LGDJ, 1978, p. 17.

[1] AUGE Marc, « Droits de l'homme et relativisme culturel », *Revue internationale de psychosociologie*, 2004, p. 95-97 ; JORGE Mara Zenaide Abambres, *La charte africaine des droits de l'homme et des peuples* [en ligne], phdthesis, Université Panthéon-Sorbonne - Paris I, 2021, p. 269.

[2] Nation Unies, « L'universalité des droits humains, la diversité et les droits culturels » [en ligne], [consulté le 15 avril 2024].

[3] GANNAGE Léna, « Le relativisme des droits de l'homme dans l'espace méditerranéen. Regards du Proche-Orient sur la reconnaissance en France des répudiations de droit musulman », *Revue internationale de droit comparé*, 2006, p. 101-116.

Charte africaine des droits de l'homme et des peuples sur la question, comment la Cour européenne des droits de l'homme et la Cour africaine des droits de l'homme et des peuples garantissent-elles la dignité humaine du détenu ?

VI. Annonce du plan

20. Au terme de ces propos introductifs, il s'agit de mener une réflexion croisée sur la protection de la dignité humaine du détenu par la CEDH et la CADHP. Si la garantie de la dignité humaine du détenu résulte d'une consécration prétorienne dynamique **(Première partie)**, des difficultés subsistent quant à l'effectivité de sa mise en œuvre **(Deuxième partie)**.

PREMIÈRE PARTIE

UNE CONSÉCRATION PRÉTORIENNE DYNAMIQUE DE LA DIGNITÉ HUMAINE DU DÉTENU

21. La protection de la dignité humaine des personnes privées de liberté contre l'arbitraire des pouvoirs publics[1] est indéniablement une préoccupation des Cours européenne et africaine des droits de l'homme. Mis à l'écart de la société, les détenus sont très souvent considérés comme des sous-hommes, ce qui conduit au mépris de leurs droits les plus élémentaires au-dessus desquels se trouve leur dignité. Ainsi, ils saisissent les Cours régionales pour faire respecter ce droit lorsqu'ils s'estiment lésés par les juridictions nationales. Dans les systèmes européen et africain de protection des droits de l'homme, la garantie de la dignité humaine du détenu est d'essence jurisprudentielle. Si les Conventions sont relativement silencieuses sur le sens de ce concept, les juges, à travers une interprétation constructive des textes, se sont lancés de prime abord dans la construction du contenu normatif de la dignité humaine du détenu **(Chapitre 1)** avant de l'accroître progressivement au gré de l'évolution des exigences de l'État de droit et de la société démocratique **(Chapitre 2)**.

[1] HENNETTE-VAUCHEZ Stéphanie, « Le principe de dignité de la personne humaine socle des droits fondamentaux de la personne détenue ? », in BOUSSARD Sabine (dir.), *Les droits de la personne détenu, après la loi pénitentiaire du 24 novembre 2009*, Paris, Dalloz, 2013, p. 41-51.

Chapitre 1. La construction du contenu normatif de la dignité humaine du détenu

22. La protection de la dignité humaine du détenu est incontestablement d'essence prétorienne. Dans les systèmes européen et africain de protection des droits de l'homme, les conventions n'ont pas expressément prévu cette garantie. Néanmoins, l'homogénéité relative du fondement juridique de la protection de la dignité humaine du détenu **(Section 1)** n'est en aucun cas la source de la controverse sur la reconnaissance du droit à la vie de la personne privée de liberté **(Section 2)**.

Section 1 - L'homogénéité relative du fondement juridique

23. Dans le système européen, la dignité humaine du détenu est une découverte exclusive du juge de Strasbourg **(§ 1),** contrairement au système africain où le juge d'Arusha procède à une découverte partielle en raison de la garantie de deux formes de dignité dans la Charte **(§ 2)**.

§ 1. Une découverte du juge de Strasbourg

24. Le concept de dignité humaine étant totalement absent dans la Convention européenne **(A)**, le juge européen ne peut rester insensible face à la situation alarmante des personnes en détention. Dans cette perspective, il déduit la garantie de la dignité du détenu de l'esprit de la Convention **(B)**.

A. Une absence problématique de la "dignité humaine" dans la Convention européenne

25. Le concept de dignité humaine est absent dans l'ensemble de la Conv.EDH. Cette « absence intrigue »[1] car, la dignité humaine est le fondement des droits de l'homme[2]. La référence à ce concept dans le texte marquerait non seulement un certain progrès surtout dans un monde fracturé jadis par les séquelles des graves violations des droits de l'homme commises pendant la Seconde Guerre mondiale,[3] mais aussi une véritable prise de conscience de la sacralité de la personne humaine et donneraient les armes juridiques nécessaires aux juges pour en garantir l'effectivité. Cette absence de consécration formelle pourrait donc être perçue comme la preuve d'une négligence, d'une ignorance ou d'un manque de volonté politique pendant l'adoption du texte. Toutefois, Béatrice Maurer invite à la prudence d'autant plus que la notion de dignité humaine était parfaitement omniprésente dans l'esprit des rédacteurs[4]. Pendant les travaux préparatoires, les représentants des États ont fait à maintes reprises référence à ce concept. M. Antonopoulos représentant la Grèce affirmait :

---

[1] BURGORGUE-LARSEN Laurence, *La dignité saisie par les juges en Europe*, Bruxelles, Bruylant, 2010, p. 55.

[2] CHAGNOLLAUD Dominique ; DRAGO Guillaume, *Dictionnaire des droits fondamentaux,* Dalloz, 2007, p. 249.

[3] OBERDORFF Henri, *op. cit.*, p. 553.

[4] MAURER Béatrice, *op. cit.*, p. 59.

> « L'homme un but en soi ! La Cité, l'État, autant d'organismes destinés à préserver sa dignité, assurer le développement pacifique de sa personnalité, et garantir des conditions d'existence humaine (…) Il nous faut donc fortifier la structure et élargir les bases de ces libertés fondamentales, véritables remparts de la dignité humaine »[1].

La CEDH reconnaît elle-même que « la dignité et la liberté de l'homme sont l'essence même de la Convention »[2]. Dans l'affaire *Nasr et Ghali c. Italie* de 2016, elle va plus loin en réaffirmant que nul ne doit être traité d'une manière impliquant une perte de dignité, car la dignité et la liberté de l'homme sont l'essence même de la Convention[3]. Si elle n'a pas été formellement exprimée dans la Convention, c'est aussi parce qu'elle va de soi, elle est si « évidente qu'elle apparaît comme intuitivement compréhensible, si intuitive qu'elle s'avère être à la base de l'affirmation de tous les droits »,[4] dont le juge européen a l'obligation de garantir.

26. Un demi-siècle plus tard, prenant sans doute conscience de cette carence normative, les Hautes Parties contractantes ont consacré la notion de dignité humaine dans le Protocole n°13 à la Convention, relatif à l'abolition de la peine de mort en toutes circonstances[5]. Ils

---

[1] Première session de l'Assemblée consultative tenue à Strasbourg du 10 août au 8 sept. 1949 H (61) 4, p. 32.

[2] CEDH, *Pretty c. Royaume-Uni*, Requête n° 2346/02, arrêt du 29 avril 2002, § 65.

[3] CEDH, *Nasr et Ghali c. Italie*, Requête n°44883/09, arrêt du 23 février 2016, § 308.

[4] MAZZONI Cosimo Marco, « Dignité et droits humains » in Feuillet - Liger, B. et Orfali, K., *La dignité de la personne : quelles réalités ?*, Bruxelles, Bruylant, 2016, p. 171-188.

[5] Conseil de l'Europe, Protocole n°13 à la Convention de sauvegarde des droits de l'homme et des libertés fondamentales relatif à l'abolition de la peine de mort en toute circonstance de Vilnius, 3.V.2002.

reconnaissent dans le préambule que « le droit de toute personne à la vie est une valeur fondamentale dans une société démocratique, et que l'abolition de la peine de mort est essentielle à la protection de ce droit et à la pleine reconnaissance de la dignité inhérente à tous les êtres humains ». Le préambule des Conventions internationales étant en principe dépourvu de toute valeur juridique contraignante[1], cette consécration s'avère insuffisante pour mieux garantir l'effectivité de ce principe. Le juge reste le véritable architecte de la dignité humaine. À travers une interprétation intelligible de la Convention, il fera de cette carence un atout en élargissant considérablement son sens et sa portée.

B. Une émergence de la dignité humaine du détenu de l'esprit de la Convention européenne

27. L'interprétation des textes conventionnels est fondamentale en droit, en ce qu'elle permet au juge de se prononcer sur le sens et la quintessence de certaines dispositions dont la profondeur n'est pas aisée à saisir[2]. Ainsi, l'émergence de la dignité humaine du détenu dans la jurisprudence de la Cour européenne est le fruit d'une interprétation rigoureuse de l'article 3 de la Convention européenne. Les détenus victimes de l'indignité des

---

[1] KAMTO Maurice, *La Charte africaine des droits de l'homme et des peuples et le protocole y relatif portant création de la Cour africaine des droits de l'homme commentaire article par article*, Bruylant, 2011, p. 64.
[2] SOMA Abdoulaye et DABIRÉ Samson Mwin Sôg Mè, *Commentaire des grands arrêts de la Cour africaine des droits de l'Homme et des peuples*, L'Harmattan, 2022, p. 5.

conditions de détention se fondent majoritairement sur cette disposition pour faire valoir leurs griefs. Elle stipule que « nul ne peut être soumis à la torture ni à des peines ou traitements inhumains ou dégradants ». C'est dans l'arrêt *Tyrer c. Royaume-Uni* du 25 avril 1978[1] que la Cour semble consacrer pour la première fois le principe de dignité humaine[2]. Dans cette décision, elle s'opposait à un châtiment judiciaire corporel infligé à un mineur de 15 ans au motif que le traitement d'un enfant en objet par la puissance publique est contraire à sa dignité. Dans sa décision *Ribitsch c. Autriche* du 4 décembre 1995, elle « souligne qu'à l'égard d'une personne privée de sa liberté, tout usage de la force physique qui n'est pas rendu strictement nécessaire par le propre comportement de ladite personne porte atteinte à la dignité humaine et constitue, en principe, une violation du droit garanti par l'article 3 »[3].

28. L'interprétation extensive de cette disposition se fonde sur la lettre et l'esprit de la Convention. La Cour se motive de la volonté réelle des parties contractantes au moment de la rédaction et de l'adoption du texte. Cette jurisprudence a, depuis lors, fait l'objet d'une consolidation au travers de nombreuses affaires similaires. C'est ce qui fait dire à une partie de la doctrine qu'elle a finalement complétée elle-même la Convention en créant un article « 3 bis » veillant spécifiquement au respect de la dignité humaine du détenu[4]. Pour le professeur Jean-Pierre

---

[1] CEDH, *Tyrer c. Royaume-Uni*, Requête n°5856/72, arrêt du 25 avril 1978.

[2] MARGUENAUD Jean-Pierre, « Principe de dignité et Cour européenne des droits de l'homme », *op.cit.*, p. 236-237.

[3] CEDH, *Ribitsch c. Autriche*, Requête n°18896/91, arrêt du 4 décembre 1995, § 38.

[4] GILLOT-ASSAYAG Laure, *op. cit.*, p. 155-170.

Marguenaud, la CEDH a su interpréter la Convention et ses protocoles additionnels pour protéger les droits de l'homme même insoupçonnés à l'adoption de la Convention[1]. Par son audace, le juge a procédé à une interprétation expansive de cette disposition en découvrant des obligations positives à la charge des États. Dans l'arrêt *Kudla c. Pologne* du 26 octobre 2000, la Cour souligne :

> « L'article 3 de la Convention impose à l'État de s'assurer que tout prisonnier est détenu dans des conditions qui sont compatibles avec le respect de la dignité humaine, que les modalités d'exécution de la mesure ne soumettent pas l'intéressé à une détresse ou à une épreuve d'une intensité qui excède le niveau inévitable de souffrance inhérent à la détention »[2].

Depuis lors, de nombreux États européens ont assisté à la remise en cause de leur système carcéral pour inadéquation des conditions de détention avec le principe fondamental de dignité humaine. En 2014, la France s'est vue condamnée par la Cour pour violation de l'article 3 au motif que les conditions de détention ont causé aux détenus de graves souffrances physiques et mentales portant ainsi atteinte à la dignité humaine[3]. En 2015, elle a de nouveau été condamnée pour incompatibilité des conditions de détention avec la dignité humaine du détenu[4]. Pourtant l'article 3 sur lequel se fonde pratiquement toute la jurisprudence de la Cour en matière de protection de la

---

[1] MARGUENAUD Jean-Pierre, *La Cour européenne des droits de l'homme*, Dalloz, 2016, p. 49.

[2] CEDH, *Kudla c. Pologne*, Requête n°30210/96, arrêt du 26 octobre 2000, § 94.

[3] CEDH, *Fakailo et autres c. France*, Requête n° 2871/11, arrêt du 2 octobre 2014, § 45.

[4] CEDH, *Helhal c. France*, Requête n°10401/12, arrêt du 19 février 2015, § 63.

dignité du détenu n'est pas exempt de toute critique. En effet, c'est une disposition lacunaire dans la mesure où il s'agit d'une « formulation courte et lapidaire, ne permettant guère de cerner les contours de l'interdiction »[1]. Elle se borne simplement à prohiber la torture et les mauvais traitements à bon droit, mais sans pour autant régir les conditions ou modalités minimales de cette interdiction. Cependant, le choix de la Cour d'interpréter cet article semble parfaitement judicieux dans la mesure où la dignité ne devient qu'un concept purement juridique que si elle est interprétée à la lumière de l'interdiction de la torture et des mauvais traitements infligés aux détenus[2].

29. En outre, le juge déduit de l'interprétation de cette disposition un droit indérogeable, absolu à l'égard des pouvoirs publics[3]. En effet, la dignité humaine est intangible, inconditionnelle et doit faire l'objet de protection « quels que soient les circonstances et les agissements de la victime (...) même dans les circonstances les plus difficiles, tels la lutte contre le terrorisme et le crime organisé »[4] ou « même en état de crise ou de menace de guerre, de danger public exceptionnel, de proclamation d'un état d'exception »[5]. La Cour formule ainsi une interdiction

---

[1] NERI Kiara, « La notion de dignité humaine, fondement de l'émergence de nouveaux droits de l'homme ou nouveau droit substantiel ? » in Doumbé-Billé, St. (dir.), *Nouveaux droits de l'homme et internationalisation du droit*, Bruxelles, Bruylant, 2012, p. 53-79.
[2] BENCHIKH Madjid, « La dignité en droit international », in M.L. PAVIA et T. REVET, *La dignité de la personne humaine*, Economica, 1999, p. 47.
[3] CEDH, *Rooman c. Belgique*, Requête n°18052/11, arrêt du 31 janvier 2019, § 9.
[4] CEDH, *Frérot c. France*, Requête n°70204/01, arrêt du 12 juin 2007, § 35.
[5] *Ibid.*

absolue à l'atteinte de la dignité humaine du détenu. Ni les circonstances, ni le comportement du détenu, ni même l'objectif poursuivi par la puissance publique ne sauraient remettre en cause ce principe, dès lors que l'on se trouve dans un État de droit et une société démocratique. C'est pourquoi elle invite à la prudence afin d'éviter toute banalisation des constats de violation de cette disposition[1]. Cette interprétation permet donc de lever le voile sur l'ambigüité de cette disposition qui, à elle seule, n'aurait pas pu protéger valablement ces personnes fragilisées par l'indignité des conditions de détention.

30. Cependant, tous les actes de torture ou de mauvais traitements ne déclenchent pas *Ipso facto* la reconnaissance de la violation de la dignité humaine du détenu. En effet, la Cour pose un seuil minimal de souffrance préalable à l'invocation de cette disposition de sorte qu'une intensité et une cruauté particulières sont requises pour en justifier l'invocation[2]. Mais, elle ne détermine pas exactement les critères permettant de cerner les contours de cette particularité. Elle se borne à affirmer dans de nombreuses affaires que « l'appréciation de ce minimum est relative par essence et dépend de l'ensemble des données de la cause, et notamment de la nature et du contexte du traitement, de sa durée et de ses effets physiques ou mentaux, ainsi que, parfois, du sexe, de l'âge et de l'état de santé de la victime »[3]. Elle reconnaît ainsi le caractère relatif et contextuel de cette appréciation. Cependant, le professeur

---

[1] CEDH, *Bouyid c. Belgique*, Requête n°23380/09, arrêt du 28 septembre 2015, § 7.

[2] CEDH, *Irlande c. Royaume-Uni*, Requête n°5310/71, arrêt du 18 janvier 1978, § 167.

[3] CEDH, *Xiros c. Grèce*, Requête n°1033/07, arrêt du 9 septembre 2010, § 71.

Patrick Wachsmann pense que ce « seuil pertinent n'est pas subjectif, il se mesure à l'aune de la conception que se fait la Cour d'un traitement conforme à la dignité »[1]. L'imposition d'un tel filtre est cependant contestable, dans la mesure où il peut revêtir un caractère arbitraire et, surtout, contribuer à la hiérarchisation des mauvais traitements, tout en minimisant certaines formes de violence et d'atteintes à la dignité du détenu. D'ailleurs, les juges Zekia, O'donoghue, Sir Gerald Fitzmaurice, Evrigenis et Matscher se sont opposés à la majorité lors d'une Assemblée plénière de la Cour à propos de l'application de ce fameux seuil[2]. Le juge Zekia a conclu que « par sa nature, la torture permet des degrés dans l'intensité ». Le juge Sir Gerald Fitzmaurice conclut dans la même optique qu'« il s'agit non pas d'une simple différence de degré, mais d'une différence de nature ». Dans certaines affaires, le seuil est apprécié en fonction de l'intention d'humilier ou d'avilir le détenu. Toutefois, cette approche est contestable, dans la mesure où tout traitement injuste infligé aux détenus, même en l'absence de cette volonté délibérée, devrait néanmoins entraîner l'application de la disposition en question. Dans l'affaire *Zarzycki c. Pologne,* un détenu était amputé de ses deux avant-bras dans un accident[3]. Il se plaignait constamment de ses difficultés quotidiennes et surtout de sa crainte de ne pas obtenir à temps ses prothèses.

---

[1] WACHSMANN Patrick, « Dans le leurre du seuil » sur la détermination de l'applicabilité de l'article 3 de la convention européenne des droits de l'homme », *Mélanges en l'honneur d'Elisabeth Zoller, Penser le droit à partir de l'individu,* Dalloz, 2018, p. 203-225.

[2] CEDH, *Irlande c. Royaume-Uni*, opinions dissidentes des juges Zekia, O'donoghue, Sir Gerald Fitzmaurice, Evrigenis, Matscher annexées à la décision, p. 89-130.

[3] CEDH, *Zarzycki c. Pologne,* Requête n°15351/03, arrêt du 12 mars 2013.

Cette situation a finalement été la source d'une dépression selon le diagnostic du psychiatre de la maison d'arrêt. Ayant saisi la Cour après l'obtention de ces équipements, elle conclut que « même si un détenu amputé des avant-bras est plus vulnérable aux difficultés de la détention, le traitement du requérant dans les circonstances de l'espèce n'a pas atteint le seuil de gravité requis pour constituer un traitement dégradant contraire à l'article 3 de la Convention »[1]. Cette décision révèle les limites du fameux seuil indispensable à la violation de l'article 3. En effet, dans cette décision, la Cour semble ignorer le handicap et les besoins particuliers du détenu. Dans leur opinion dissidente commune, les juges Ziemele et Kalaydjieva contestaient la position officielle de la majorité en estimant qu'elle s'est écartée de la jurisprudence constante de la Cour[2]. Il convient dès lors de reconnaître que l'imposition de ce seuil constitue, à bien des égards, un obstacle à la pleine garantie de la dignité du détenu. Contrairement à la Conv.EDH, le concept de dignité est garanti dans la Char.ADHP.

§ 2. Une découverte partielle du juge d'Arusha

31. Le concept de dignité humaine abonde dans la Charte africaine. En raison du passé déshumanisant du continent africain, marqué notamment par l'esclavage et la colonisation, les hautes parties contractantes ont consacré la dignité dans le préambule et le dispositif du texte. Si, à

---

[1] *Ibid.*, § 125.

[2] *Ibid.*, Opinion dissidente commune des juges Ziemele et Kalaydjieva, § 1-4.

l'instar de nombreuses conventions, elle garantit formellement la dignité humaine des individus **(A)**, elle consacre une forme spécifique de dignité - l'égale dignité des peuples **(B)**.

A. La consécration de la dignité humaine des individus dans la Charte africaine

32. Si la dignité humaine du détenu n'est pas expressément garantie dans la Charte, néanmoins, la dignité humaine des individus y est mentionnée. L'article 5 dispose que « tout individu a droit au respect de la dignité inhérente à la personne humaine et à la reconnaissance de sa personnalité juridique. Toutes formes d'exploitation et d'avilissement de l'homme, notamment l'esclavage, la traite des personnes, la torture physique ou morale, et les peines ou les traitements cruels, inhumains ou dégradants sont interdites ». La Cour africaine apporte un éclairage particulièrement pertinent :

> « Le concept de dignité humaine revêt une signification profonde dans le domaine des droits individuels. Il constitue la pierre angulaire sur laquelle repose l'édifice des droits de l'homme. Le droit à la dignité exprime l'essence même de la valeur inhérente à chaque individu, indépendamment de sa situation, de ses antécédents ou de ses choix. Il incarne et défend fondamentalement le principe du respect du caractère humain intrinsèque de chaque personne et constitue le fondement de ce que signifie être véritablement humain. C'est en ce sens que l'article 5 interdit

strictement toute forme de traitement portant atteinte à la dignité inhérente à la personne »[1].

La formulation de cette disposition de la Charte africaine est une « originalité juridique »[2] dans la mesure où c'est la première Convention internationale à consacrer sans équivoque le respect de la dignité inhérente à la personne humaine dans son dispositif[3]. À l'instar des autres Conventions, elle reste silencieuse sur le sens de ce concept. Néanmoins, elle se borne à lister quelques éléments de son contenu. L'alinéa premier vise manifestement à assurer la protection de deux grands principes intrinsèques de l'homme, à savoir le droit de l'individu au respect de la dignité inhérente à la personne humaine d'une part, et la reconnaissance de sa personnalité juridique d'autre part. En réalité, ces principes sont indissociables dans la mesure où il ne peut y avoir de protection rigoureuse de la dignité humaine en l'absence d'une reconnaissance préalable de la personnalité juridique[4]. Si elle permet à l'individu d'être titulaire de droit et assujetti à des obligations[5], elle est la première condition de l'effectivité des droits de la personnalité.

33. La Cour affirme que l'expression « personnalité juridique » inscrite dans ledit article comprend également

---

[1] CADHP, *Romward William c. République-Unie de Tanzanie*, Requête n°030/2016, arrêt du 13 février 2024, § 69 ; CADHP, *makungu Misalaba c. République-Unie de Tanzanie*, Requête n°033/2016, arrêt du 7 novembre 2023, § 165.
[2] MANET Martial, *op. cit.*, p. 86.
[3] *Ibid.*, p. 86-87.
[4] FEUILLET-LIGER Brigitte, ORFALI Kristina, *op.cit.*, p. 484.
[5] KAMTO Maurice, *op. cit.*, p.154.

le droit à la nationalité[1]. D'ailleurs, dans l'affaire *Robert John Pensais c. République-Unie de Tanzanie* du 28 novembre 2019, elle a affirmé : « le droit à la nationalité constitue un élément fondamental de la dignité de la personne humaine »[2]. Par conséquent, la privation arbitraire de ce droit est incompatible avec le droit à la dignité humaine[3]. La reconnaissance préalable de la personnalité est par conséquent « le principe inchoatif de la dignité »[4]. Cet ancrage ne doit pas être anodin, car sa disparition serait susceptible de réserver à l'individu les pires formes d'avilissements. Dans la même disposition sont interdites toutes formes d'exploitation de l'homme, notamment l'esclavage. En France, sous la deuxième République, le préambule du décret du 27 avril 1848 affirmait à juste titre que « l'esclavage est un attentat contre la dignité humaine »[5]. Ce faisant, la Cour se conforme également à la Convention des Nations unies (NU) relative à l'esclavage où les parties contractantes se sont engagées « à prévenir et réprimer la traite des esclaves, à poursuivre la suppression complète de l'esclavage sous toutes ses formes »[6].

---

[1] CADHP, *Hassan Bundala Swaga c. République-Unie de Tanzanie*, Requête N° 014/2017, arrêt du 7 novembre 2023 § 79.

[2] CADHP, *Robert John Pensais c. République-Unie de Tanzanie*, Requête n°013/2015, arrêt du 28 novembre 2019, § 87.

[3] *Ibid.,* § 88.

[4] BURGORGUE-LARSEN Laurence, *La dignité saisie par les juges en Europe*, *op.cit.*, p. 39.

[5] MELIN-SOUCRAMANIEN Ferdinand, *Libertés fondamentales*, *op. cit.*, p. 128.

[6] Article 2 de la Convention relative à l'esclavage signée à Genève le 25 septembre 1926, (entrée en vigueur le 9 mars 1927) Amendée par le Protocole du 7 décembre 1953 (convention amendée entrée en vigueur le 7 juillet 1955).

34. En Afrique, les traditions historiques ont toujours été imbibées de la sacralité de la personne humaine. Elle provient du fait que l'homme est « un don de Dieu ou des dieux »[1] de sorte que « la dignité propre à l'homme, du seul fait qu'il est homme, et du caractère sacré de la vie humaine sous-tend la vie politique de bien de certaines sociétés traditionnelles africaines. C'est au nom de ces idées que le suicide par exemple est interdit chez les Ibo du Nigeria »[2]. Le passé douloureux du continent africain a également milité pour un renforcement de la protection de la dignité des individus dans la Charte. Entre traite négrière et colonisation, l'Afrique est incontestablement le plus martyrisé des continents. Cette conscience historique est perceptible dès le préambule de la Charte où les États affirment clairement qu'ils sont « conscients de (...) libérer totalement l'Afrique dont les peuples continuent à lutter pour leur indépendance véritable et leur dignité et s'engageant à éliminer le colonialisme, le néocolonialisme, l'apartheid, le sionisme, les bases militaires étrangères d'agression et toutes formes de discrimination ».

35. C'est donc sur le fondement de l'article 5 de la Charte que la Cour d'Arusha s'est saisie de la dignité humaine du détenu. En 2020, l'État rwandais s'est vu condamné pour indignité des conditions de détention du fait d'une défaillance fonctionnelle de son système pénitentiaire. Dans cette affaire, la Cour a souligné que « le respect des droits de l'homme, dans leur ensemble, vise à protéger la dignité de la personne humaine »[3]. Il convient de s'interroger sur le caractère absolu de la protection de la

---

[1] KAMTO Maurice, *op. cit.*, p. 70.

[2] BAH Henri, *op. cit.*, p. 1-22.

[3] CADHP, *Léon Mugesera c. République du Rwanda*, Requête n° 012/2017, arrêt du 27 novembre 2020, § 80.

dignité humaine dans la Charte. Si l'on est forcé de reconnaître un droit de dérogation dans le système africain des droits de l'homme[1], la Charte reste silencieuse sur le caractère dérogeable de l'interdiction des atteintes à la dignité humaine et des mauvais traitements. Toutefois, cette question avait déjà été résolue par la Commission africaine avant la création même de la Cour. Elle avait affirmé que l'interdiction de la torture ainsi que des peines ou traitements cruels, inhumains ou dégradants est absolue[2]. La Cour africaine a entériné cette position dans sa décision *Armand Guehi c. République-Unie de Tanzanie*[3]. A l'instar de la Cour européenne, elle prévoit des « critères de sévérité intention, et de sévère humiliation nécessaire »[4] pour invoquer les mauvais traitements et atteinte à la dignité du détenu. Il s'agit du fameux critère de seuil nécessaire pour l'invocation de l'atteinte à la dignité humaine. Dans l'affaire *Léon Mugesera c. République du Rwanda* du 27 novembre 2020, la Cour a estimé que « la cruauté ou l'inhumanité du traitement doit impliquer un certain degré de souffrance physique ou mentale de la personne, ce qui dépend de la durée du traitement, des effets physiques ou psychologiques du traitement, du sexe, de l'âge et de l'état de santé de la personne »[5]. Si la dignité humaine du détenu est garantie

---

[1] DABIRÉ Samson Mwin Sôg Mè, *La dérogation aux droits de l'homme en Afrique* [microfiche], Schulthess Editions romandes, 2021, p. 25.

[2] Commission africaine, *Huri-Laws c. Nigeria*, Communication n°225/98, 6 octobre 2000, AHRLR 273, § 41.

[3] CADHP, *Armand Guehi c. République-Unie de Tanzanie, intervention de la République de Côte d'Ivoire*, Requête n°001/2015, arrêt du 7 décembre 2018, § 131.

[4] CADHP, *Alex Thomas c. République-Uni de Tanzanie*, Requête n° 005/2013, arrêt du 4 juillet 2019, § 146.

[5] CADHP, *Léon Mugesera c. République du Rwanda*, Requête n°012/2017, arrêt du 27 novembre 2020, § 81.

par le juge africain à partir d'une interprétation de la dignité des individus, néanmoins, la Charte consacre une catégorie de dignité étrangère aux Conventions internationales.

B. La consécration de l'égale dignité des peuples dans la Charte africaine

36. La Charte africaine garantit l'égale dignité des peuples. L'article 19 stipule que « tous les peuples sont égaux ; ils jouissent de la même dignité et ont les mêmes droits. Rien ne peut justifier la domination d'un peuple par un autre ». En consacrant solennellement cette dignité spécifique, les États entendent fixer les repères devant guider la conception africaine des droits de l'homme[1]. Cette disposition combine deux principes fondamentaux à savoir le principe d'égalité et de dignité entre les peuples[2]. L'égalité des peuples s'avérait indispensable pour éviter les velléités de supériorités et de domination d'un peuple sur un autre. Toutefois, la Charte reste silencieuse sur la définition de la notion de « peuple ». Ce silence semble « très instructif, car il témoigne implicitement de l'intention des rédacteurs de ne privilégier ou de n'exclure *a priori* aucune interprétation du mot "peuple" »[3], laissant ainsi au juge un pouvoir d'interprétation considérable.

---

[1] KAMTO Maurice, *op. cit.*, p. 69 ; BEN ACHOUR Rafaâ, *op. cit.*
[2] *Ibid.*, p. 444.
[3] OUGUERGOUZ Fatsah, *La Charte africaine des droits de l'homme et des peuples. Une approche juridique des droits de l'homme entre tradition et modernité*, Paris, PUF, 1993, p. 132.

37. Étymologiquement, le "peuple" vient du latin *populus* qui désigne la population dans sa globalité[1]. C'est un concept ambivalent dans la mesure où il peut également désigner, « un groupe de communautés ou d'individus politiquement associés, non nécessairement apparentés par l'origine ou par la langue mais par un sol commun »[2] soit « la totalité des individus composant une nation, soit une partie de celle-ci correspondant à la classe populaire »[3]. Selon Fatsah Ouguergouz, la Charte africaine permet de dégager au moins trois acceptions du concept de « peuple ». Il s'agit de « peuple-État », « peuple-population » ou de « peuple-dominé »[4]. Une chose est certaine : la signification de la notion de « peuple » reste sujette à interprétation[5]. Ainsi, peut-on déduire de la Charte un « peuple carcéral » ? Si l'expression « population carcérale » est couramment admise, la réponse n'est pas certaine. Cette conception africaine de la dignité semble avoir inspiré d'autres instruments internationaux à la protection de la dignité de certains groupes vulnérables. Dans la Déclaration du

---

[1] WIEVIORKA Michel, « Le peuple », dans : Michel Wieviorka éd., Le peuple existe-t-il ? Auxerre, *Éditions Sciences Humaines*, « Les entretiens d'Auxerre », 2012, p. 5-13.

[2] LE BRAS Hervé, « Origines du peuple. Le sol, le sang et l'État », dans : Michel Wieviorka éd., Le peuple existe-t-il ? Auxerre, *Éditions Sciences Humaines*, « Les entretiens d'Auxerre », 2012, p. 41-51.

[3] TAMBA Irène, « « Le peuple » : un nom collectif, une notion ambivalente », dans : Michel Wieviorka éd., Le peuple existe-t-il ? Auxerre, *Éditions Sciences Humaines*, « Les entretiens d'Auxerre », 2012, p. 15-26.

[4] OUGUERGOUZ Fatsah, « Chapitre V. Les droits des peuples », *La Charte africaine des droits de l'homme et des peuples*, Graduate Institute Publications, 1993 ; BADARA FALL Alioune, « La Charte africaine des droits de l'homme et des peuples : entre universalisme et régionalisme », *Pouvoirs*, 2009, p. 77-100.

[5] MANET Martial, *Les figurations du peuple* [microfiche], Éditions A. Pedone, 2024, p. 21.

programme d'action de la Conférence mondiale sur les droits de l'homme tenue à Vienne en 1993, il est mentionné : « la Conférence mondiale sur les droits de l'homme reconnaît la dignité intrinsèque des populations autochtones »[1]. Les États reconnaissent donc la dignité collective de ces populations qui ont subi historiquement de nombreux traitements indignes[2]. Lors d'une résolution sur la situation en Géorgie, l'Organisation des Nations Unies (ONU) a également demandé que l'aide humanitaire soit acheminée dans la sécurité et la dignité vers les personnes touchées par le conflit, surtout les réfugiés et déplacés[3]. Toutefois, si cette disposition est évoquée majoritairement dans le cadre de l'égalité entre les États[4], elle semble difficilement évocable dans le sens de la dignité du détenu. Pour certains auteurs, l'existence même de la dignité des peuples demeure fortement contestable[5]. Même si cette disposition ne permet pas de protéger la dignité des personnes privées de liberté, néanmoins, sa présence dans la Charte renforce l'attachement des rédacteurs au respect de la dignité.

---

[1] Revue universelle des droits de l'homme, Conférence mondiale sur les droits de l'homme, Vienne, 1993, § 20, 1994, p. 227.

[2] JACCOUD Mylène, BRASSARD Renée, « Savoirs criminologiques et autochtonie », *Déviance et Société*, n°4, 2008, p. 395-409.

[3] Conseil de sécurité des Nations Unies, Résolution relative à la situation en Géorgie, 6082e séance, 13 février 2009, S/RES/1866(2009), § 4.

[4] CADHP, *Bernard Anbataayela Mornah c. République du Bénin, Burkina Faso, République de Côte d'Ivoire, République du Ghana, États défendeurs République du Mali, République du Malawi, République de Tanzanie, République Tunisienne États intervenants : République Arabe Sahraouie Démocratique et République de Maurice*, Requête n° 028/2018, arrêt 22 septembre 2022, § 195.

[5] NERI Kiara, *op. cit.*, p. 53-79.

Section 2 - La controverse sur la reconnaissance du droit à la vie

38. Dans les deux systèmes, la sacralité de la vie humaine est affirmée. L'article 2 de la Convention européenne garantit le droit de toute personne à la vie. La Cour de Strasbourg considère que cette disposition fait peser sur les États des obligations positives qui « doivent être interprétées comme s'appliquant dans le contexte de toute activité, publique ou non, dans laquelle le droit à la vie peut être en jeu »[1]. L'article 4 de la Charte africaine stipule que « la personne humaine est inviolable. Tout être humain a droit au respect de sa vie et à l'intégrité physique et morale de sa personne : Nul ne peut être privé arbitrairement de ce droit ». La Cour d'Arusha note constamment :

> « Le droit à la vie est le droit le plus sacré et fondamental de tous les droits, car il constitue le fondement de la dignité humaine et l'essence même de l'existence. Sans ce droit, tous les autres droits perdent leur pertinence et leur faisabilité. Il constitue le fondement même sur lequel les individus peuvent chérir leurs libertés, les exercer et poursuivre leurs rêves et leurs aspirations »[2].

En dépit de cette consécration, il existe une divergence sur la reconnaissance du droit absolu du détenu à la vie au nom de la dignité humaine **(§ 1)**. Toutefois, les Cours convergent sur le rejet des peines incompressibles **(§ 2)** qui s'assimilent parfois à une forme de peine de mort.

---

[1] CEDH, *Centre de ressources juridiques au nom de valentin câmpeanu c. Roumanie,* Requête n°47848/08, arrêt du 17 Juillet 2014, § 130.

[2] CADHP, *Makungu Misalaba c. République-Unie de Tanzanie,* Requête n°033/2016, arrêt du 7 novembre 2023, § 145.

§ 1. Une divergence fondamentale sur l'atteinte à la vie humaine

39. La peine de mort est l'une des pratiques sur laquelle le droit international balbutie. À ce jour, il n'existe pas une interdiction générale et absolue de cette sentence en droit international des droits de l'homme[1]. Les juges de Strasbourg et d'Arusha sont partagés sur l'interdiction absolue de cette sentence inhumaine **(A)**, ce qui engendre une controverse superfétatoire sur les méthodes d'exécution du détenu **(B)**.

A. Une ambiguïté sur l'interdiction de la peine de mort

40. « Songez-y ! Qu'est-ce que la peine de mort ? La peine de mort est le signe spécial et éternel de la barbarie. Partout où la peine de mort est prodiguée, la barbarie domine »[2]. L'application de cette sanction inhumaine pour manquement à certaines catégories d'infractions graves telles que l'homicide volontaire a été légitimée par la Bible[3]. L'Ancien Testament prône la réciprocité dans la riposte des infractions, crimes et peines en vertu de la loi du

---

[1] DEHOULE BEHIBRO Philippe, *La dignité humaine dans la jurisprudence de la Cour africaine des droits de l'homme et des peuples,* Thèse de doctorat Droit, Université Felix Houphouët-Boigny, 2024, p. 222.

[2] Victor Hugo, Discours du 15 septembre 1848 sur l'abolition de la peine de mort, Assemblée constituante.

[3] CARBASSE Jean-Marie, « La peine de mort dans l'Antiquité : la Bible, la Grèce, Rome », *La peine de mort*, PUF, 2011, p. 9-30.

Talion, dont le sens se trouve dans cette célèbre formule « œil pour œil, dent pour dent ». De ce fait, celui « qui frappe un homme à mort sera mis à mort »[1]. Toutefois, dans certaines circonstances, la sanction était totalement démesurée et s'écartait même de l'esprit de cette loi. Ainsi, « celui qui frappe son père ou sa mère sera mis à mort »[2]. Par ailleurs, les offenses à Dieu, le blasphème, la sorcellerie et bien d'autres faits conduisaient à la peine de mort[3]. La séparation de l'Église et de l'État instituée en Europe n'a pas systématiquement remis en cause l'application de cette peine injuste. Certes, elle a mis fin à un régime des cultes[4], mais la peine capitale continuait d'être infligée aux détenus. Pourtant, dès 1764, le philosophe Cesare Beccaria alertait déjà avec force sur son caractère superflu. Il déclarait que « la peine de mort n'est ni utile ni nécessaire »[5]. Le juge de Strasbourg est ferme sur l'inapplication de la peine de mort dans l'espace européen, car elle est incompatible avec la protection de la dignité humaine du détenu **(1)**. Dans le système africain de protection des droits de l'homme, le juge d'Arusha adopte une position très ambiguë sur la question **(2)**.

---

[1] Sainte Bible, Exode 21, 12.

[2] Sainte Bible, Exode 21, 15.

[3] CARBASSE Jean-Marie, *op. cit.*, p. 9-30.

[4] LALOUETTE Jacqueline, « Conclusion », La Séparation des Églises et de l'État, *Genèse et développement d'une idée 1789-1905*, Le Seuil, 2005, p. 417-423.

[5] BADINTER Robert, *L'abolition de la peine de mort*, *op. cit.*, p. 3.

1. L'incompatibilité entre la peine de mort et la dignité humaine du détenu dans le système européen

41. L'interdiction de la peine de mort n'a pas été prévue dans la première version de la Conv.EDH. L'article 2 stipulait que « le droit de toute personne à la vie est protégé par la loi. La mort ne peut être infligée à quiconque intentionnellement, sauf en exécution d'une sentence capitale prononcée par un tribunal »[1]. Face à la difficile conciliation entre le droit à la vie et l'exécution d'une telle peine, les États se sont vus obligés d'améliorer la Convention. Aux termes de l'article 1er du Protocole n°6, « la peine de mort est abolie. Nul ne peut être condamné à une telle peine ni exécuté »[2]. Toutefois, elle laissait aux États la possibilité de prévoir dans leurs législations cette sentence pour des actes commis en temps de guerre ou de danger imminent[3]. Finalement, le Protocole n°13 rendra absolue cette interdiction[4]. Cette démarche des Hautes Parties contractantes s'inscrit dans la protection de la dignité humaine, car les droits garantis par la Convention sont incompatibles avec, entre autres, le « syndrome du couloir de la mort »[5]. La première référence à ce syndrome découle de l'affaire *Kirkwood c. Royaume-Uni* de la

---

[1] Première version de la Convention européenne des droits de l'homme du 4 novembre 1950.

[2] Article 1 du Protocole n°6 à la Convention de sauvegarde des droits de l'homme et des libertés fondamentales, concernant l'abolition de la peine de mort.

[3] Article 2 du même Protocole.

[4] Protocole n°13 à la Convention de sauvegarde des droits de l'homme et des libertés fondamentales, relatif à l'abolition de la peine de mort en toutes circonstances.

[5] CEDH, *Soering c. Royaume-Uni*, Requête n°14038/88, arrêt du 07 juillet 1989.

Commission européenne des droits de l'homme[1]. Dans cette décision, le requérant affirmait que :

> « s'il est extradé, reconnu coupable et condamné à mort, il risque de s'écouler un délai inacceptable entre le moment de la condamnation et la décision définitive sur le point de savoir si cette peine doit ou non être exécutée. Un tel retard, doublé de l'incertitude du résultat, aurait un tel effet sur l'esprit du requérant qu'il reviendrait à un traitement ou une peine inhumains ou dégradants »[2].

42. À ce jour, il n'existe pas de définition juridique uniforme de ce syndrome[3]. S'il se caractérise de prime abord par une extrême angoisse omniprésente chez le détenu du fait de la méconnaissance de la date d'exécution de la peine de mort, certains facteurs additionnels y sont associés. Dans la décision *Soering c. le Royaume-Uni*, la Cour considère qu':

> « aucun détenu condamné à mort ne saurait éviter l'écoulement d'un certain délai entre le prononcé et l'exécution de la peine, ni les fortes tensions inhérentes au régime rigoureux d'incarcération nécessaire. [...] Eu égard, cependant, à la très longue période à passer dans le "couloir de la mort" dans des conditions aussi extrêmes, avec l'angoisse omniprésente et croissante de l'exécution de la peine capitale, et à la situation personnelle du requérant, en particulier son âge et son état mental à l'époque de l'infraction, une extradition vers

---

[1] CommEDH, déc, 12 mars 1984, *Kirkwood c. Royaume Uni*, n° 10479/83.

[2] *Ibid.*

[3] BARTON Justine, « Du couloir de la mort aux emmurés vivants », in AILINCAI Anca, PIVETEAU Charlotte, DRICI Nordine, *Peine de mort et droits de l'homme. Pour des standards internationaux de protection spécifiques aux personnes passibles de la peine de mort ou condamnées à mort*, A. Pedone, 2024, p. 99.

les États-Unis exposerait l'intéressé à un risque réel de traitement dépassant le seuil fixé par l'article 3 »[1].

Certes, la Convention ne consacre pas un droit à ne pas être extradé, mais elle « doit se lire en fonction de son caractère spécifique de traité de garantie collective des droits de l'homme et des libertés fondamentales »[2]. Ainsi, la Cour a interdit l'expulsion d'un ressortissant irakien condamné en Roumanie pour trafic de migrants vers son pays d'origine, au motif qu'il serait soumis à la peine de mort[3]. Dans l'arrêt *Al-Saadoon et Mufdhi c. Royaume-Uni* du 2 mars 2010, elle prohibe l'application de la peine de mort dans l'espace européen alors même que certains États comme l'Azerbaïdjan et la Russie[4] n'avaient ni signé ni ratifié le protocole n°13[5].

43. Enfin, dans l'affaire *Öcalan c. Turquie,* elle est allée plus loin en s'opposant même aux menaces d'application de cette peine[6]. Par conséquent, elle impose aux États des obligations positives afin de mieux protéger la vie des

---

[1] CEDH, *Soering c. Royaume-Uni*, Requête n°14038/88, arrêt du 07 juillet 1989, § 111.

[2] *Ibid.*, § 87.

[3] CEDH, *D et autres c. Roumanie*, Requête n°75953/16, arrêt du 14 janvier 2020, § 130.

[4] La Fédération de Russie a cessé d'être partie à la Convention européenne des droits de l'homme le 16 septembre 2022 en raison du conflit qui l'oppose à l'Ukraine. Néanmoins, la Cour européenne reste compétente pour examiner les requêtes la concernant antérieures à son exclusion. « La Russie cesse d'être partie à la Convention européenne des droits de l'homme - Portal - www.coe.int », sur Portal [en ligne], [consulté le 25 juin 2025].

[5] CEDH, *Al-Saadoon et Mufdhi c/ Royaume-Uni*, Requête n°61498/08, arrêt du 2 mars 2010.

[6] CEDH, *Öcalan c. Turquie*, Requête n°46221/99, arrêt du 12 mars 2003, § 184.

personnes dont ils ont la garde[1]. L'interdiction absolue de cette sentence en Europe est parfaitement conforme à la protection de la dignité humaine du détenu, car la peine de mort demeure un châtiment inhumain, cruel et indigne de la nature humaine. En plus d'engendrer d'énormes souffrances mentales et physiques, elle prive l'individu de la possibilité de se repentir. Aucun argument, même de nature sécuritaire ou dissuasif, n'est recevable au soutien d'une telle sanction. D'ailleurs, au regard de l'exemple américain, de sérieux doutes subsistent sur la corrélation entre l'application de la peine capitale et la baisse de la criminalité au sein des États[2]. Contrairement à la Cour européenne, la Cour africaine semble flexible voir ambigüe sur la question.

2. L'ambiguïté sur la compatibilité de la peine de mort avec la dignité humaine du détenu dans le système africain

44. Depuis l'arrêt *Armand Guéhi c. République-Unie de Tanzanie*[3] – première affaire dans laquelle la Cour africaine s'est prononcée sur le fond concernant une condamnation à la peine de mort, celle-ci a systématiquement adopté un raisonnement non explicite quant à la légalité de cette sanction dans sa jurisprudence[4]. Si l'atteinte sans

---

[1] TULKENS Françoise, « Les prisons en Europe. Les développements récents de la jurisprudence de la Cour européenne des droits de l'homme », *Déviance et Société*, 2014, p. 425-448.

[2] DEMONT Vincent, SAYAH Ali, « Peine de mort menace dissuasive ou effet pervers ? », *Études sur la mort*, 2012, p. 79-94.

[3] CADHP, *Armand Guéhi c. République-Unie de Tanzanie*, Requête n°001/2015, arrêt sur le fond et les réparations du 7 décembre 2018.

[4] SOMDA Faasseome Maxime, « Commentaire _ Affaire Armand Guéhi c. République-Unie de Tanzanie, Requête n°001/2015 », in

consentement au droit à la vie est un acte indigne par principe[1], la Cour africaine admet la peine de mort en tant qu'exception au droit à la vie[2]. Elle commence par opérer une distinction superflue entre la peine de mort obligatoire et la peine de mort non obligatoire. Elle considère comme obligatoire l'exécution de la peine de mort en vertu d'une loi qui omet les circonstances de l'espèce, empêche toute atténuation et méconnaît la situation particulière de l'auteur des faits, de sorte que le juge national soit contraint d'infliger la peine capitale[3]. C'est le cas de la République-Unie de Tanzanie dont l'article 197 du Code pénal disposait que « toute personne déclarée coupable de meurtre sera condamnée à la peine capitale ». La Cour souligne qu'une telle sentence est incompatible avec le système africain de protection des droits de l'homme. Elle semble s'inspirer de plusieurs affaires internationales. Dans l'affaire *Eversley Thompson c. Saint-Vincent-et-les-Grenadines* du 18 octobre 2000, le Comité des droits de l'homme affirmait qu'« un tel système d'imposition obligatoire de la peine de mort prive l'individu de son droit le plus fondamental, le droit à la vie, sans considérer si cette forme exceptionnelle de châtiment est appropriée dans les circonstances particulières de son affaire »[4]. Dans l'affaire *Reyes v. The Queen* rendu le 11 mars 2002 par le Judicial Committee of

---

SOMA Abdoulaye et DABIRÉ Samson Mwin Sôg Mè, *op. cit.*, p. 224-225.

[1] BERNAZ Nadia, *Le droit international et la peine de mort*, La Documentation française, 2008, p. 23.

[2] CADHP, *Ally Rajabu et autres c. République-Unie de Tanzanie*, *op. cit.*, § 98.

[3] *Ibid.*, § 109.

[4] Affaire *Eversley Thompson c. Saint-Vincent-et-les-Grenadines*, Communication n° 806/1998 du 18 octobre 2000 CCPR/C/70/D/806/1998.

the Privy Council (JCPC)[1], le Comité a déclaré que l'imposition automatique de la peine de mort sans prise en compte des circonstances individuelles de l'infraction viole les droits fondamentaux, notamment le droit à la vie et la protection contre les traitements inhumains ou dégradants[2]. La Cour interaméricaine des droits de l'homme (CIADH) considère également que l'imposition mécanique et automatique de la peine capitale pour certains crimes, sans considération des circonstances individuelles, constitue une privation arbitraire du droit à la vie et du droit à une protection judiciaire[3].

45. *A contrario*, la peine de mort non obligatoire est celle qui prend en compte les circonstances de l'espèce. Une telle distinction « n'est ni opérationnelle, ni justifiée dans sa signification juridique »,[4] car en plus d'être un châtiment abominable pour l'ensemble des détenus[5], elle est « une insulte contre la dignité et la personnalité de l'homme »[6]. Mieux, « ce qui est réprouvé dans la peine de mort tout-court se retrouve *mutatis mutandis* dans la peine

---

[1] Le Judicial Committee of the Privy Council (JCPC) est une juridiction suprême d'appel pour plusieurs pays et territoires ayant des liens historiques avec le Royaume-Uni.

[2] Arrêt *Reyes v. The Queen* [2002] UKPC 11 (Privy Council).

[3] CIADH, 21/06/2002, *Hilaire, Constantine et Benjamin et autres c. Trinité et Tobago*, Série C n°94, §102-105 ; CIADH, 14/09/2005, *Raxcaco Reyes c. Guatemala*, Série C n°133, §80 ; CIADH, 20/11/2007, *Boyce et autres c. Barbade*, Série C n°169, §57-61.

[4] TCHIKAYA Blaise, Opinion individuelle, arrêt *Ally Rajabu et autres c. Tanzanie*, Requête n°007/2015.

[5] HUGO Victor, *Le dernier jour d'un condamné,* Livre de poche, Galimard, 2009, p. 288.

[6] CHALANOULI Christina, « L'évolution de la peine de mort dans la Grèce moderne : réflexion sur l'opposition entre peine capitale et dignité humaine », *Études sur la mort*, 2012, p. 95-106.

de mort obligatoire »[1]. La Cour reconnaît que la détention dans le couloir de la mort est « dégradante par nature » et porte nécessairement atteinte à la dignité humaine en raison de l'angoisse résultant de la détention et de la crainte naturelle de la mort[2]. Toutefois, elle n'encourage pas non plus l'exécution immédiate des détenus condamnés à cette sentence eu égard à la situation irréversible qu'elle crée[3]. Si cette peine est dégradante par nature, pour emprunter l'expression de la Cour, cela suppose qu'elle engendre une égalité de souffrance pour tout condamné à mort. Même si la Commission des droits de l'homme des NU s'est montrée « convaincue que l'abolition de la peine de mort contribue au renforcement de la dignité humaine et à l'élargissement progressif des droits fondamentaux »[4], aucune disposition de la Charte africaine ne prévoit son abolition. Pour pallier cette insuffisance, les États ont adopté en avril 2015 lors de la 56e session ordinaire un Protocole additionnel à la Charte portant sur l'abolition de la peine de mort en Afrique. L'article 1er stipule que « les États parties s'engagent à protéger le droit à la vie et à abolir la peine de mort dans le ressort de leur souveraineté ». Le vote des États africains lors des résolutions des Nations Unies sur la question témoigne également d'une certaine évolution. Ainsi, lors de l'adoption de la résolution n°62/149 en 2007, seuls dix-sept

---

[1] CADHP, *Ally Rajabu et autres c. République-Unie de Tanzanie*, Requête n°007/2015, arrêt du 28 novembre 2019, Opinion individuelle du juge Blaise TCHIKAYA, §10.

[2] CADHP, *Ghati Mwita c. République-Unie de Tanzanie*, Requête n° 012/2019, arrêt du 1er décembre 2022, § 87 ; CADHP, *Romward William c. République-Unie de Tanzanie*, Requête n°030/2016, arrêt du 13 février 2024, § 70.

[3] CADHP, *makungu Misalaba c. République-Unie de Tanzanie*, *op. cit.*, § 168.

[4] Résolution sur la question de la peine de mort E/CN.4/RES/1997/12, du 3 avril 1997 de la Commission des droits de l'homme de l'ONU.

États africains s'étaient prononcés en faveur de l'abolition de la peine de mort, tandis que douze avaient voté contre, vingt s'étaient abstenus et quatre étaient absents. En 2014, ce nombre était passé à vingt-sept États favorables. Toutefois, la Cour ne semble pas accompagner ou accélérer cette dynamique par une interprétation constructive de la Charte.

46. Contrairement à son homologue européenne, elle s'abstient de prohiber cette peine sur le fondement du respect de la dignité humaine et du droit à la vie, s'autolimitant ainsi dans l'interprétation de la Charte. Pourtant, l'alinéa premier de l'article 4 de la Charte stipule que « la personne humaine est inviolable ». L'inviolabilité étant une protection particulière que la loi accorde à certains droits fondamentaux contre toute atteinte juridique ou matérielle[1], elle aurait pu saisir l'opportunité pour interdire cette peine indigne. C'est pourquoi, dans son opinion individuelle, le juge Blaise Tchikaya considère que la Cour a laissé un « "clair- obscur" inutile sur le droit applicable à la peine de mort en Afrique ». L'exécution des condamnés à mort ayant été abandonnée par la quasi-totalité des États démocratiques, tout détenu soumis à une telle peine est légitimement fondé à la considérer comme injuste, au regard de l'évolution du droit international, désormais largement orientée vers son abolition[2]. D'ailleurs, « en vertu de quel droit les hommes peuvent-ils se permettre de tuer leurs semblables ? Ce droit n'est certainement pas celui

[1] CORNU Gérard, *Vocabulaire juridique*, PUF, 2018, p. 575.

[2] Opinion partiellement dissidente sous les arrêts CADHP, *Thomas Mgira c. Tanzanie* et *Umalo Mussa c. Tanzanie*, 13 juin 2023, Juge Blaise Tchikaya, Vice-Président, § 13, 46.

sur lequel reposent la souveraineté et les lois »[1]. C'est pour cela qu'il n'y a que les sociétés malades qui conservent encore la peine capitale[2]. Depuis décembre 2022, une relative évolution est observable dans la jurisprudence de la Cour. Elle estime désormais que la peine capitale doit « être réservée à titre exceptionnel, qu'aux infractions plus odieuses commises dans des circonstances particulièrement aggravantes »[3]. À travers cette décision, elle durcit les conditions d'exécution et pose un pas probablement vers une abolition future. Toutefois, le 13 mars 2024, la République Démocratique du Congo a levé le moratoire sur l'exécution de la peine de mort qu'elle avait suspendu en 2003[4]. Face à son refus de proscrire définitivement la peine de mort en Afrique, elle s'attarde sur certains modes d'exécution du détenu.

B. Une controverse sur les méthodes d'exécution

47. En s'opposant à une interdiction absolue de la peine capitale, la Cour africaine prohibe les méthodes affligeantes d'exécution **(1)** en affirmant implicitement la conformité à

---

[1] BADINTER Robert, *L'abolition de la peine de mort*, Dalloz, 2007, p. 23.

[2] BADINTER Robert, *Contre la peine de mort*, Librairie générale française, 2008, p. 28.

[3] CADHP, *Ghati Mwita c. République-Unie de Tanzanie*, Requête n°012/2019, arrêt du 1er décembre 2022, § 66.

[4] Le Monde avec l'AFP, « La République démocratique du Congo lève le moratoire sur la peine de mort » [en ligne], 15 mars 2024, [consulté le 30 avril 2025].

la dignité du détenu des méthodes prétendument souples **(2)**.

1. L'inadmission des méthodes affligeantes

48. Il existe aujourd'hui six méthodes d'exécution des détenus dans le monde selon Amnesty International. Il s'agit de l'exécution par pendaison, décapitation, injection létale, électrocution, lapidation et arme à feu[1]. La Cour européenne ayant tranché en faveur de l'interdiction absolue de la peine de mort, la question des méthodes d'exécution ne saurait se poser encore aujourd'hui en Europe.

49. À l'inverse, si l'application de la peine capitale n'est pas en soi contraire à la dignité humaine du détenu selon la Cour africaine, néanmoins elle est ferme sur l'interdiction de la pendaison comme méthode d'exécution. Dans sa décision *Ally Rajabu et autres c. République-Unie de Tanzanie* du 28 novembre 2019, elle a affirmé que la pendaison porte inévitablement atteinte à la dignité humaine, car elle cause d'énormes souffrances excessives, strictement non nécessaires[2]. Dans la décision, *Crospery Gabriel et Ernest Mutakyawa c. République-Unie de Tanzanie*, elle a souligné de nouveau que « l'application de la peine de mort par pendaison est « dégradante par nature » et « porte atteinte à la dignité eu égard à l'interdiction [...]

---

[1] Focus d'Amnesty International sur les six méthodes d'exécution dans le monde [en ligne], [consulté le 27 mars 2023].

[2] CADHP, *Ally Rajabu et autres c. République-Unie de Tanzanie*, *op.cit.*, § 119.

des traitements cruels, inhumains et dégradants »[1]. Dans la décision *Deogratius Nicholaus Jeshi c. République-Unie de Tanzanie*, elle considère que la pendaison, en tant que mode d'exécution de la peine de mort, constitue une violation du droit à la dignité du détenu protégé par l'article 5 de la Charte[2]. Dans cette perspective, le juge Dumisa Buhle NTSEBEZA déclare, dans son opinion dissidente sous l'arrêt *Ibrahim Yusuph Calist Bonge et 2 autres*, que la peine de mort est en elle-même contraire à la dignité du détenu en raison de son caractère irréversible, comporte un risque d'erreur et n'a pas d'effet dissuasif avéré[3]. Tout mode d'exécution assimilable à la torture ou aux mauvais traitements doit être regardé comme contraire à la dignité humaine. C'est pourquoi, pour concilier cette pratique avec le principe du respect de la dignité, les formes d'exécution du détenu doivent impérativement exclure la souffrance ou impliquer le moins de souffrance possible[4]. Par ce raisonnement, la Cour d'Arusha procède à une distinction entre les méthodes d'exécution dignes et indignes. Elle admet implicitement l'idée que certaines méthodes d'exécution pourraient être compatibles avec la dignité humaine dès lors qu'elles effacent ou allègent la souffrance du détenu. Une analyse rigoureuse de chacune de ces

---

[1] CADHP, *Crospery Gabriel et Ernest Mutakyawa c. République-Unie de Tanzanie*, Requête n°050/2016, arrêt du 13 février 2024, § 103 ; CADHP, John Lazaro c. République-Unie de Tanzanie, Requête n°003/2016, arrêt du 7 novembre 2023, § 90.

[2] CADHP, *Deogratius Nicholaus Jeshi c. République-Unie de Tanzanie*, Requête n°017/2016, arrêt du 13 février 2024, § 111.

[3] Opinion dissidente du Juge Dumisa Buhle NTSEBEZA sous l'arrêt CADHP, Ibrahim Yusuph Calist Bonge et 2 autres, c. République-Unie de Tanzanie, Requête n° 036/2016, arrêt du 4 décembre 2023.

[4] CADHP, *Amini Juma c. République-Unie de Tanzanie*, Requête n°024/2016, arrêt du 30 septembre 2021, § 135.

méthodes permettrait de savoir si l'une d'entre elles serait conforme à la dignité humaine du détenu.

2. L'admission implicite de méthodes pseudo-souples

50. Sans avoir la prétention d'analyser l'ensemble des méthodes d'exécution, il s'agira de se pencher sur l'analyse des cinq autres qui demeurent les plus appliquées dans le monde. La décapitation est une vieille méthode d'exécution barbare qui consiste à trancher la tête du condamné au moyen d'un couteau ou de tout autre instrument similaire. Elle est contraire à la dignité humaine car elle cause chez le détenu une souffrance et une douleur immesurable. Si elle était un phénomène banal à une époque où la protection juridictionnelle des droits fondamentaux n'existait pas, on peut difficilement admettre aujourd'hui l'importance d'une telle pratique[1]. La lapidation est une pratique dont l'origine découlerait des textes religieux[2]. Elle consiste à ensevelir une partie du corps du condamné et le tuer à coup de pierre. Elle est pratiquée couramment en cas de viol ou d'adultère dans certains États non respectueux des droits fondamentaux. Une telle scène est affligeante et indigne de la nature humaine. L'électrocution est une méthode cruelle d'exécution des temps modernes favorisée par le progrès technoscientifique. Elle consiste à mettre un terme à la vie du détenu à l'aide d'une chaise électrique. Cette technique inédite a été utilisée pour la première fois aux États-Unis le

---

[1] STAHL Paul-Henri, « Le vocabulaire de la décapitation », *Histoire de la décapitation*, PUF, 1986, p. 101-107.

[2] LAMRABET Asma, « La lapidation, un châtiment pour les femmes adultères ? », *Islam et femmes. Les questions qui fâchent*, En toutes lettres, 2021, p. 87-97.

6 août 1890 à l'égard de William Kemmler. Elle a été un échec, car c'est après une seconde tentative qu'elle a finalement ôté la vie du détenu. Dès le lendemain, *Le New York Times* affirmait que cette méthode est bien pire que la pendaison et qu'elle a été « une honte pour la civilisation »[1]. Elle est contraire à la dignité humaine dans la mesure où elle est dégradante, humiliante et prolonge la souffrance en cas de dysfonctionnement. L'injection létale consiste à injecter des substances chimiques dans le corps du détenu afin de lui ôter la vie. Ces substances sont censées lui faire perdre conscience, arrêter sa respiration et provoquer ainsi une arythmie cardiaque. Conçue pour atténuer la souffrance des détenus, elle s'avère inefficace parce qu'elle est source de convulsions, d'agonie et de douleurs insupportables. Un médecin ayant participé à une telle exécution affirmait que c'était un endroit où « l'humanité cessait d'exister. Le condamné est là pour mourir et notre rôle consiste à veiller à ce qu'il ne ressorte pas vivant, quels que soient les moyens à employer »[2]. Ce témoignage accablant prouve à suffisance que cette méthode impitoyable porte atteinte à la dignité humaine du détenu. Enfin, l'exécution du détenu par arme à feu est contraire à la dignité humaine, car en plus d'être humiliante pour la nature humaine, cette scène est facilement assimilable à une chasse d'animaux sauvages où le chasseur exécute sa proie. Certes, certaines législations offrent la possibilité au détenu de choisir le moyen d'exécution qui lui est convenable[3]

---

[1] Le New York Times, « Bien pire que la pendaison, la mort de Kemmler est un spectacle épouvantable. Il a fallu brancher le courant électrique deux fois avant que le crime ne soit pleinement accompli », 7 août 1890 [en ligne], [consulté le 22 avril 2023].

[2] LPJ SAVE, [en ligne], [consulté le 29 mars 2023].

[3] Aux États-Unis, plusieurs États fédérés offrent aux détenus condamnés à mort la possibilité de choisir leur méthode d'exécution

mais, manifestement, il s'agit de choisir entre des méthodes dégradantes en fonction de la perception qu'il se fait de chacune d'elles.

51. En réalité, toutes les méthodes d'exécution demeurent un châtiment indigne et inexcusable dans la mesure où elles suscitent le désarroi, l'angoisse et une souffrance épouvantable du détenu. La Commission africaine a reconnu que pour le moment, « aucune méthode d'exécution n'a été jugée acceptable en vertu de la législation internationale »[1]. Dans le même sens, le juge Blaise Tchikaya note que « tous les modes d'exécution de la peine de mort, sans exception, sont cruels : autant la balle dans la tête, la lapidation, la chaise électrique, l'injection létale, l'asphyxie, y compris la pendaison »[2]. Le juge américain Scalia, parlant de la peine de mort, déclarait qu'« il s'agit d'une exécution capitale, pas d'une intervention chirurgicale, (...) d'où vient cette idée selon laquelle on devrait trouver la méthode d'exécution qui cause le moins de souffrance au condamné »[3]. Il en découle que

---

parmi celles prévues par la législation en vigueur. En Caroline du Sud, une loi a même été adoptée en ce sens, imposant aux condamnés le choix de leur mode d'exécution parmi les options légalement autorisées. « Les condamnés doivent choisir leur méthode d'exécution en Caroline du Sud », sur 20 Minutes [en ligne], publié le 19 mai 2021, [consulté le 11 mai 2025].

[1] Com. ADHP, *Interights & Ditshwanelo c. République de Botswana*, com. n°319/06, 14 novembre 2015, §85.

[2] CADHP, *Romward William c. Tanzanie*, requête n°030/2016, arrêt du 13 février 2024 ; CADHP, *Deogratius Nicholaus Jeshi c. République unie de Tanzanie*, requête n°017/2016, arrêt du 28 septembre 2022 ; CADHP, *Crospery Gabriel et Ernest Mutakyawa c. République unie de Tanzanie*, requête n°050/2016, arrêt du 13 février 2024, Déclaration du juge Blaise TCHIKAYA, §18.

[3] SCALIA Antonin, juge de la Cour suprême des États-Unis, expliquant pourquoi le protocole d'exécution du Kentucky ne constituait pas un

l'application de la peine de mort est indissociable d'une intensité démesurée de souffrance. Derrière cette sentence se cache également l'idée d'infliger une plus grande détresse au détenu qui ne saurait être amoindrie par une quelconque méthode. Par son manque d'audace en faveur de l'interdiction de la peine capitale, la Cour s'inscrit dans une régression de la protection de la dignité humaine. Elle se trouve piégée par son propre raisonnement, car même les méthodes modernes d'exécution mises en place grâce à la science se trouvent parfois plus avilissantes. Aux États-Unis par exemple, c'est face au refus de prononcer l'inconstitutionnalité de cette peine que sont nés les débats sordides sur l'admissibilité ou l'inadmissibilité de telle ou telle méthode d'exécution[1]. Combattre donc les méthodes d'exécution au détriment de la peine même est une « fausse bonne » idée. Dans certains cas, la durée de l'emprisonnement peut s'apparenter, dans ses effets, à une forme de peine de mort lente ou différée.

§ 2. Le rejet des peines incompressibles

52. Les peines incompressibles sont des peines de réclusion à perpétuité sans aucune possibilité de libération conditionnelle[2]. Une telle peine constitue une atteinte à la dignité humaine du détenu, dans la mesure où elle s'avère disproportionnée et pourrait s'analyser en un traitement

---

châtiment cruel et inhabituel et, par voie de conséquence, était conforme au huitième Amendement de la Constitution américaine [en ligne], [consulté le 29 mars 2023].

[1] WACHSMANN Patrick, *Liberté publiques*, Dalloz, 2021, p. 598.

[2] CEDH, *Beverly Ann McCALLUM c. Italie*, Requête n°20863/21, arrêt du 21 Septembre 2022, § 46.

inhumain et dégradant. Elles sont perceptibles dans les condamnations à perpétuité **(A)** et de longue durée **(B)**.

A. Les condamnations à perpétuité

53. Si la liberté des individus est un principe fondamental dans un État de droit, la détention demeure l'exception. Le droit national doit lutter contre les peines à perpétuité incompressibles *de facto* et *de jure,* en accordant au détenu des possibilités réelles de liberté. La Cour européenne insiste sur le fait que toutes les législations nationales doivent prévoir l'éventualité de réexaminer la peine, d'accorder la liberté conditionnelle, le droit de grâce présidentielle et toute autre mesure humanitaire redonnant de l'espoir aux détenus. Le réexamen des peines à perpétuité obligatoire est nécessaire parce qu'il vise à commuer, à suspendre, à mettre fin ou encore à libérer le détenu sous conditions[1]. Les autorités nationales ont donc l'obligation de soumettre le détenu à un réexamen périodique afin de rechercher s'il a progressé et qu'aucun motif légitime d'ordre pénologique ne permet de justifier son maintien en détention[2]. Cette prudence de la Cour résulte de la poreuse frontière entre la peine de mort et la perpétuité absolue[3]. Derrière la perpétuité se cache le plus souvent la volonté d'éliminer définitivement le criminel[4]. Selon le juriste

---

[1] CEDH, *Sanchez-Sanchez c. Royaume-Unui*, Requête n°22854/20, arrêt du 3 novembre 2022, § 41.

[2] CEDH, *Vinter et Autres c. Royaume-Unui*, Requêtes nos 66069/09, 130/10 et 3896/10, arrêt du 9 juillet 2013, § 119.

[3] BARTON Justine, « Du couloir de la mort aux emmurés vivants », in AILINCAI Anca, PIVETEAU Charlotte, DRICI Nordine, *op.cit.*, p. 99.

[4] PONCELA Pierrette, « Longues, trop longues peines », *Revue de science criminelle et de droit pénal comparé*, 2013, p. 625-634.

italien Italo Mereu, la peine de réclusion à perpétuité ne constitue, au fond, qu'une manière insidieuse d'ôter la vie[1]. C'est en ce sens qu'il la décrivait comme une mort « à petit feu »[2]. Par ailleurs, dans sa Recommandation Rec (2003)23, le Conseil de l'Europe constatait déjà que l'abolition de la peine de mort dans les États européens a entraîné une augmentation des condamnations à perpétuité[3]. Pour mettre un terme à ce phénomène, elles les encourageaient « à accroître et améliorer les possibilités pour ces détenus de se réinsérer avec succès dans la société et de mener une vie respectueuse de la loi après leur libération »[4].

54. L'application même de cette sentence pose la problématique du sens de la condamnation. Dans une société démocratique, les finalités légitimes de l'emprisonnement sont le châtiment, la dissuasion, l'amendement et la protection du public[5]. Toute autre intention visant délibérément à nuire au détenu serait illégitime et porterait atteinte à sa dignité. La Cour affirme qu' « une peine de perpétuité réelle imposée uniquement à des fins de châtiment porterait directement atteinte à la dignité humaine, détruirait l'âme humaine et méconnaîtrait la possibilité de voir se faire jour ultérieurement des raisons propres à justifier une libération conditionnelle »[6]. La

---

[1] MEREU Italo, *La mort comme peine*, Éditions Larcier, 2012, p. 55 et s.

[2] *Ibid.*, p. 234.

[3] Comité des Ministres, Conseil de l'Europe, Recommandation Rec (2003)23.

[4] *Ibid.*

[5] CEDH, *Vinter et Autres c. Royaume-Unui*, Requêtes nos 66069/09, 130/10 et 3896/10, arrêt du 9 juillet 2013, § 40.

[6] *Ibid.*, § 99.

période de privation de liberté permet au détenu de méditer longuement sur ses actions néfastes et d'adopter un comportement social. Le fait de lui dénier la moindre possibilité de se racheter est une source d'angoisse et d'incertitude perpétuelle contraire à la dignité humaine. Cette sentence entraîne de nombreux « troubles de la perception du temps, grande régression émotionnelle, automutilation, troubles du comportement alimentaire – le taux de suicide est élevé chez les longues peines, surtout chez les criminels sexuels »[1]. C'est dans cette perspective que dans son opinion dissidente sur l'affaire *Abdullah Öcalan c. Turquie (n°2)*, le juge Pinto de Albuquerque affirmait que « la peine de réclusion à perpétuité s'apparente à un traitement inhumain en raison des effets désocialisants (...) Il en va d'ailleurs de même aussi pour toute sorte de peine indéfinie, à durée indéterminée »[2].

55. Pourtant, même en Europe, cette sentence n'a pas totalement disparu des législations. Si en Allemagne, la Cour constitutionnelle fédérale a jugé dès 1977 qu'en raison du principe de dignité, « l'exécution de la réclusion à perpétuité devait offrir au détenu une chance concrète et réaliste de recouvrer ultérieurement sa liberté »[3], elle est toujours en vigueur en Angleterre connue sous l'appellation de « *whole life tariff* » et en France, où une loi instaurée en 1994 réserve cette peine aux infractions les plus

---

[1] ALBRAND Louis Étienne, « Conséquences psychosomatiques de la réclusion criminelle à perpétuité », *Études sur la mort*, 2012, p. 33-35.

[2] CEDH, *Abdullah Öcalan c. Turquie (n°2)*, Requêtes n°s 24069/03, 197/04, 6201/06 et 10464/07, arrêt du 18 mars 2014, § 4.

[3] BVerfG, 21 juin 1977, BVerfGE 45, 187 ; voy. Aussi BVerfG, 24 avril 1986, BVerfG, 72, 105. Cité par FURKEL François, « Le principe de dignité en Allemagne et son effet irradiant en matière de biomédecine » in FEUILLET-LIGER Brigitte, ORFALI Kristina, *op.cit.*, p. 484.

abominables pour la société[1]. Le 29 juin 2022, le terroriste djihadiste Salah Abdeslam est la cinquième personne à être condamnée à cette peine rarissime[2]. Or, dès le 16 janvier 2006, une pétition signée par dix détenus condamnés à cette peine par la justice française et incarcérés à la maison centrale de Clairvaux alertait :

> « Nous, les emmurés vivants à perpétuité du Centre pénitentiaire le plus sécuritaire de France (...), nous en appelons au rétablissement effectif de la peine de mort pour nous. Assez d'hypocrisie ! Dès lors qu'on nous voue en réalité à une perpétuité réelle, sans aucune perspective effective de libération à l'issue de notre peine de sûreté, nous préférons encore en finir une bonne fois pour toutes que de nous voir crever à petit feu, sans espoir d'aucun lendemain après bien plus de vingt années de misères absolues. (...) A choisir, à notre mort lente programmée, nous demandons à l'État français, chantre des droits de l'homme et des libertés, de rétablir instamment pour nous tous la peine de mort effective »[3].

Ce pamphlet met suffisamment en exergue le caractère indigne de cette sentence. Cependant, il est de jurisprudence constante que toute condamnation à vie n'est pas en soi contraire à la dignité humaine dès lors qu'elle prévoit une opportunité effective de liberté conditionnelle[4].

---

[1] Loi n° 94-89 du 1er février 1994 instituant une peine incompressible et relative au nouveau code pénal et à certaines dispositions de procédure pénale, *Journal officiel de la République française*, 2 févr. 1994.

[2] Elsa de La Roche Saint-André, 13 novembre : que sait-on des conditions de détention de Salah Abdeslam ? [en ligne], [consulté le 30 mars 2024].

[3] CHANTRAINE Gilles, BERARD Jean, « « nous, les emmurés vivants » », *Vacarme*, 2007, p. 53-56.

[4] CEDH, *Léger c. France*, Requête n°19324/02, arrêt 11 avril 2006, § 93.

56. La Cour lutte également contre les peines à perpétuité obligatoires à l'étranger dans le cadre de l'extradition. Certes, elle n'a pas une compétence territoriale mondiale, mais refuse d'avaliser tout transfert de détenu vers un État où il risquerait une peine incompressible. Pour concilier la protection de la dignité humaine avec la lutte contre l'impunité, l'État demandeur doit donner l'assurance de l'inapplication au détenu de tout châtiment prohibé par la Cour. Toute coopération judiciaire pénale avec un État tiers doit être conforme aux exigences de la Convention européenne des droits de l'homme, de manière à garantir que la personne extradée ou faisant l'objet d'une mesure d'expulsion ne fasse l'objet d'un traitement incompatible avec les droits et libertés protégés par cette Convention[1]. Dans l'une de ces affaires, James Dewayne Nivette, citoyen américain détenu à la maison d'arrêt de Strasbourg-Elsau contestait son extradition vers les États-Unis au motif qu'il serait condamné à une peine d'emprisonnement à vie et incompressible. Elle déclara irrecevable son recours au motif que le Gouvernement français a prouvé qu'il a toutes les assurances de nature à écarter une telle peine susceptible de porter atteinte à sa dignité[2]. En Afrique, même si la doctrine reste relativement muette sur la question, la temporalité des peines est problématique. De nombreuses législations n'offrent pas de possibilité réelle de liberté aux détenus condamnés à la prison à vie. Quand bien même ces exigences seraient prévues par les textes, ils sont nombreux à purger des peines à perpétuité informelles. Si de nombreux États européens et

---

[1] BURCHETT Julia, « Peine de mort et coopération antiterroriste en Europe » in AILINCAI Anca, PIVETEAU Charlotte, DRICI Nordine, *op. cit.*, p. 53.

[2] CEDH, *James Dewayne Nivette c. France*, Requêtes n° 44190/98, arrêt du 3 juillet 2001, § 119.

africains sont de plus en plus en faveur de la prohibition de la peine de mort, la perpétuité devient la nouvelle peine capitale. Les juridictions nationales requalifient systématiquement les faits donnant lieu jadis à la peine de mort en condamnation à perpétuité[1]. La Cour africaine a eu récemment l'opportunité de connaître d'une telle affaire. Dans sa décision *makungu Misalaba c. République-Unie de Tanzanie* du 7 novembre 2023, elle a souligné à l'instar de son homologue européenne que l'imposition de la peine à réclusion à perpétuité infligée aux détenus ayant commis des infractions graves ne peut, en soi, constituer un traitement inhumain ou dégradant contraire à la dignité humaine, dès lors que la législation de l'État offre des possibilités réelles de liberté conditionnelle[2]. La peine à perpétuité incompressible étant contraire à la dignité humaine du détenu se pose la question des peines obligatoires de longue durée.

B. Les condamnations de longue durée

57. Les peines privatives de liberté de longue durée ont été instaurées jadis à la suite de l'abolition de la peine capitale[3]. Cette épineuse problématique des longues peines est abondante dans la jurisprudence de la Cour européenne. Elle l'évoque généralement incidemment dans les décisions

---

[1] BONIS Évelyne, DERASSE Nicolas, ALIX Julie et al., « LES LONGUES PEINES », Mission de Recherche Droit et Justice ; Université de bordeaux ; Université de Lille ; École Nationale d'Administration Pénitentiaire, 2020, p. 37, [consulté le 21 mai 2025].

[2] CADHP, *makungu Misalaba c. République-Unie de Tanzanie*, *op. cit.*, § 173.

[3] BONIS Évelyne, DERASSE Nicolas, ALIX Julie et al., *op. cit.*, p. 387.

de perpétuité. Si la notion de peine de longue durée est aléatoire et complexe à définir[1], dans une opinion dissidente, le juge Pinto de Albuquerque déclare en 2014 que dès lors qu'une peine est qualifiée de durée déterminée, mais excède en réalité l'espérance de vie normale ou extrêmement longue, elle est incompatible avec la dignité humaine du détenu[2]. Dans son opinion en partie concordante sur l'affaire *Murray c. Pays-Bas* du 26 avril 2016, il qualifie la détention de longue durée de toute peine de prison d'une durée totale de cinq ans ou plus. Ainsi, aucun détenu ne doit être traité comme un « déchet humain », peu importe l'atrocité du crime commis. Dans sa préface à l'ouvrage de Mereu, Alvaro Pires soutenait également qu'une peine d'incarcération excédant dix années s'apparente à une peine radicale à l'instar de la peine de mort et de la perpétuité[3]. La peine radicale exprime l'idée selon laquelle un individu peut être exclu de manière définitive ou pour une longue durée de la société[4]. Pour l'heure, cette opinion sur la durée des peines ne semble pas avoir reçu l'assentiment de la majorité de la Cour. Pourtant, dans sa Résolution (76) 2, le Conseil de l'Europe exige des États qu'ils examinent la situation des détenus afin de s'assurer aussitôt qu'ils peuvent bénéficier d'une libération conditionnelle. Si la majorité des États ont dans leurs législations des peines de longue durée excédant les 10 ans de prison ferme, la Cour européenne semble balbutier sur la

[1] *Ibid.*, p. 16.

[2] CEDH, *Abdullah Öcalan c. Turquie (n°2)*, Requêtes n°s 24069/03, 197/04, 6201/06 et 10464/07, arrêt du 18 mars 2014, § 4.

[3] PIRES P. Alvaro, « Les peines radicales : construction et "invisibilisation" d'un paradoxe », préface originale à la nouvelle édition de MEREU Italo, *op. cit.*, p.15.

[4] POIRIER Christophe, *La réclusion criminelle à perpétuité* [microfiche], mare & martin, 2023, p. 47.

question. Or, pour être légitime, la longue peine doit avoir un sens pour la société, la victime et le condamné[1]. Il n'est pas contestable qu'une peine d'emprisonnement ferme de trop longue durée peut vite se muer en un traitement cruel, inhumain et dégradant dénué de toute finalité légitime. L'hésitation de la Cour se justifie par le fait qu'elle doit rechercher l'équilibre entre la protection de la dignité humaine et la répression de la criminalité dans l'espace européen. Affirmer l'incompatibilité de la dignité humaine avec la détention excédant cinq ou dix années ferme, dans ce contexte de lutte contre le terrorisme, pourrait sans doute dégrader l'image de la Cour auprès des peuples.

58. La Cour africaine s'est déjà prononcée sur la durée des peines au regard de la dignité humaine du détenu. Dans l'affaire *Ghati Mwita c. République-Unie de Tanzanie*, elle a conclu que la « détention et la durée de celle-ci ont inévitablement causé à la requérante un niveau de souffrance qui porte atteinte à sa dignité »[2]. Toutefois, elle ne donne aucune précision sur le sens de peines de longue durée. Pourtant, sur le continent, il subsiste deux catégories de châtiments de trop longue durée qui détériorent la dignité humaine du détenu. D'une part, les longues détentions préventives et d'autre part, les condamnations définitives de longues durées. Si les législations nationales prévoient les conditions de liberté provisoire en cas de détention préventive, l'effectivité de ces mesures reste à démontrer. Dans la majorité des États, les dossiers de demande de liberté conditionnelle sont traités avec moins de célérité. Dans son Rapport annuel 2021, le Conseil National des

---

[1] BONIS Évelyne, DERASSE Nicolas, ALIX Julie et al., *op. cit.*, p. 27.

[2] CADHP, *Ghati Mwita c. République-Unie de Tanzanie*, Requête n° 012/2019, arrêt du 1er décembre 2022, § 89.

Droits de l'Homme (CNDH) de Côte d'Ivoire révélait que sur une population carcérale totale de 22.751, 2800 soit 12,30% de personnes sont en détention préventive au mépris des dispositions légales[1]. Ce rapport révèle une forme de mépris de l'administration à l'égard de la dignité des personnes détenues, illustré par la méconnaissance du principe de légalité administrative, qui impose à celle-ci de se conformer strictement aux règles de droit en vigueur. Cette situation ne constitue pas une spécificité de la Côte d'Ivoire, mais reflète une réalité partagée par de nombreux États africains. Dans de telles circonstances, les détenus se trouvaient privés de recours devant la Cour africaine d'autant plus que sa saisine est subordonnée à l'épuisement des voies de recours interne. Toutefois, depuis 2013, la Cour considère que la condition d'épuisement des voies de recours internes ne s'applique plus de manière stricte lorsque ces recours sont inexistants ou que le détenu n'est pas en mesure, en pratique, de les exercer[2]. Il ne s'agit pas d'une remise en cause totale de cette sentence en raison de la dangerosité de certains individus. Mais du caractère *stricto sensu* de leurs exécutions, en ne valorisant aucune possibilité de liberté avant l'échéance prévue, quand bien même le comportement du détenu témoignerait d'un repenti sincère. Les peines de longue durée existent donc *de facto* et *de jure* en Europe et en Afrique. Si les Cours semblent parfois hésitantes sur la question, la durée de la peine peut constituer une atteinte à la dignité du détenu. Architectes de la dignité humaine du détenu, les juges continuent d'élargir

---

[1] Rapport annuel 2021, le Conseil National des Droits de l'Homme (CNDH) de Côte d'Ivoire [en ligne], [consulté le 24 avril 2023].

[2] CADHP, *Commission africaine des droits de l'homme et des peuples c. Libye*, Requête n° 002/2013, § 70.

progressivement le contenu juridique de ce concept mystérieux.

Chapitre 2. L'élargissement du contenu normatif de la dignité humaine du détenu

59. Le concept de dignité humaine étant à l'origine creux, l'élargissement de son contenu est l'apanage des juges au regard des exigences de l'État de droit et de la société démocratique. Ils dégagent ainsi un contenu normatif relatif à la protection de la dignité physique **(Section 1)**, puis morale du détenu **(Section 2)**.

Section 1 - L'exigence de protection de la dignité physique du détenu

60. La protection de l'intégrité physique et mentale des personnes détenues constitue « un facteur de légitimité indéniable de l'institution carcérale et de son rôle au sein d'une société démocratique »[1]. Dans cette perspective, la préservation de la dignité physique exige des États qu'ils prohibent à l'encontre du détenu toute atteinte à l'intégrité physique ou psychique **(§ 1)**, et prescrivent des services conformes à sa dignité **(§ 2)**.

[1] SIMON Anne, *Les atteintes à l'intégrité des personnes détenues imputables à l'État : contribution à la théorie des obligations conventionnelles européennes : l'exemple de la France*, Thèse de doctorat Droit, Université Panthéon-Sorbonne - Paris I, 2013, résumé.

§ 1. La proscription des atteintes à l'intégrité physique ou mentale

61. L'atteinte à l'intégrité physique ou mentale du détenu est contraire à la dignité humaine. C'est la raison essentielle de l'interdiction de la torture et des mauvais traitements **(A)** puis des fouilles corporelles et l'isolement du détenu **(B)**.

A. La torture et les traitements cruels inhumains ou dégradants

62. « La torture est l'un des pires fléaux que connaît l'humanité. Ce problème, présent dans toutes les régions du monde, touche toutes sortes de personnes. La torture est une agression du corps ou de l'esprit, commise délibérément par des personnes qui ont en principe le devoir de protéger. Elle a pour but de terroriser, de déshumaniser et d'avilir, pour affirmer son pouvoir et son contrôle. Elle représente l'antithèse de l'état de droit ; une torture qui couve s'accompagne bien souvent de nombreuses autres violations des droits de l'homme »[1].

Il en existe deux formes, la torture privée et la torture publique[2]. La première est moins connue parce qu'elle est pratiquée entre personnes privées. La seconde implique l'intervention d'un gouvernement ou d'un État. Il s'agira de se focaliser sur la seconde parce que notre étude implique la puissance publique.

---

[1] REDRESS, Ending torture, seeking justice for survivors [en ligne], [consulté le 23 mai 2024].

[2] PORTELLI Serge, *La torture*, Dalloz, 2017, p. 7-11.

63. L'admission de la torture et des mauvais traitements comme attentatoire à la dignité humaine du détenu est palpable dans les deux systèmes. L'article 3 de la Conv.EDH stipule que « nul ne peut être soumis à la torture ni à des peines ou traitements inhumains ou dégradants ». L'article 5 de la Char.ADHP stipule également que « tout individu a droit au respect de la dignité inhérente à la personne humaine et à la reconnaissance de sa personnalité juridique. Toutes formes d'exploitation et d'avilissement de l'homme, notamment l'esclavage, la traite des personnes, la torture physique ou morale, et les peines ou les traitements cruels, inhumains ou dégradants sont interdites ». L'article 1er in fine de la Résolution 3452 de l'AGNU stipule que « la torture constitue une forme aggravée et délibérée de peines ou de traitements cruels, inhumains ou dégradants »[1]. Les autres éléments évoqués doivent être considérés comme de mauvais traitements. Dans l'un de ses arrêts de principe, *Irlande c. Royaume-Uni* du 18 janvier 1978, la Cour européenne a fait une distinction entre la torture, les traitements inhumains et dégradants. La torture est « une spéciale infamie des traitements inhumains délibérés provoquant de fort graves et cruelles souffrances »[2]. Elle entend par traitement inhumain, les « techniques [qui] ont causé à ceux qui les subissaient sinon de véritables lésions, du moins de vives souffrances physiques et morales ; elles ont entraîné de surcroît chez eux des troubles psychiques aigus en cours d'interrogatoire »[3]. Enfin, sont dégradants

---

[1] Résolution 3452 (XXX), 9 décembre 1975, Déclaration sur la protection de toutes les personnes contre la torture et autres peines ou traitements cruels, inhumains ou dégradants en relation avec la détention et l'emprisonnement.

[2] CEDH, *Irlande c. Royaume-Uni*, Requête n°5310/71, arrêt du 18 janvier 1978, § 167.

[3] *Ibid.*

tous traitements « de nature à créer en eux [les détenus] des sentiments de peur, d'angoisse et d'infériorité propres à les humilier, à les avilir et à briser éventuellement leur résistance physique ou morale »[1]. À partir de cette distinction, la torture demeure la cruauté la plus élevée parce qu'elle réduit l'individu à une forme d'animalité. C'est pourquoi certains auteurs l'assimilent à un « crime contre l'humanité »[2]. La Cour apprécie préalablement le seuil de gravité dans chaque affaire avant d'évoquer la torture ou les autres mauvais traitements. Mais, afin de ne laisser transparaître aucune faille, elle a précisé depuis l'arrêt *Selmouni c. France* du 28 juillet 1999 qu'à l'avenir, certains actes jadis qualifiés de traitements inhumains et dégradants, et non de torture, pourraient recevoir une qualification différente[3].

64. Si la Cour est efficace dans la lutte contre la torture, c'est aussi parce que le Conseil de l'Europe a renforcé son dispositif normatif à travers l'adoption d'une Convention pour la prévention de la torture (CPT)[4] dont l'objectif est d'assurer une parfaite garantie de l'article 3. En censurant la torture et les mauvais traitements à l'égard des détenus, elle se place au cœur de la protection de leur dignité. Elle fait désormais partie intégrante des valeurs européennes. Dans l'affaire *Bouyid c. Belgique* du 28 septembre 2015, elle

---

[1] *Ibid.*
[2] BESSOLES Philippe, « Torture et temporalité. Contribution à une sémiologie de « psychose traumatique », *Cahiers de psychologie clinique*, 2004, p. 141-157.
[3] CEDH, *Selmouni c. France*, Requête n°25803/94, arrêt du 28 juillet 1999, § 101.
[4] Conseil de l'Europe, Convention européenne pour la prévention de la torture et des peines ou traitements inhumains ou dégradants, Strasbourg, 26 novembre 1987.

déclare que « l'interdiction de la torture et des peines et traitements inhumains ou dégradants est une valeur de civilisation étroitement liée au respect de la dignité humaine »[1]. À l'instar de la Cour européenne, la Cour africaine s'inscrit parfaitement dans la lutte contre la torture et les mauvais traitements en Afrique. Cependant, elle ne donne pas de définition de la torture et des autres notions voisines. Ce défaut de définition témoigne de la prudence de la Cour afin qu'aucune situation dégradante n'échappe à sa sagacité. Elle procède simplement à une énumération non exhaustive des formes de traitements contraires à la Charte. Dans l'arrêt *Léon Mugesera c. République du Rwanda* du 27 novembre 2020, elle a déclaré que « la protection de la dignité humaine revêt une forme spécifique qui consiste à interdire les traitements susceptibles de la restreindre, à savoir l'esclavage, la traite des personnes, la torture et toute autre forme de traitement cruel, inhumain ou dégradant »[2]. Le respect de la dignité humaine est le corolaire de la prohibition absolue de la torture et des mauvais traitements, quelles que soient leurs formes[3].

65. Cependant, semble-t-il que les détenus ne sont pas définitivement à l'abri de ces traitements inhumains. Depuis les sanglants attentats terroristes du 11 septembre 2001 aux États-Unis, certaines voix prônent la torture physique et psychologique légitime pour paraphraser Max Weber[4]. Il

[1] CEDH, *Bouyid c. Belgique*, Requête n°23380/09, arrêt du 28 septembre 2015, § 81.

[2] CADHP, *Léon Mugesera c. République du Rwanda*, Requête n°012/2017, arrêt du 27 novembre 2020, § 80.

[3] CADHP, *Sébastein Germain Ajavon c. République du Bénin*, Requête n°013/2017, arrêt au fond, 29 mars 2019, § 165.

[4] WEBER Max, dans « Le métier et la vocation d'homme politique » publié en 1919 affirmait : « L'État est cette communauté humaine qui,

s'agirait de pratiquer la torture pour obtenir des informations utiles dans le cadre de la sécurité nationale. Certains films semblent préparer implicitement les consciences. Dans *No Limit* réalisé par Gregor Jordan en 2010, dans le but d'empêcher l'explosion d'une bombe, des techniques de torture sont pratiquées. Une agente du FBI protestait en ces termes : « le suspect est torturé, c'est inconstitutionnel ! » « Si ces bombes explosent, il n'y aura plus de putain de constitution ! » réplique alors sèchement son interlocuteur »[1]. Cette mise en scène n'est pas neutre, elle semble s'inscrire dans une stratégie de communication dissuasive. Mais en réalité, il s'agirait sans doute de préparer les masses populaires à la légitimation de la torture. Contrairement aux idées reçues, « le but réel de la torture n'est pas de faire parler, mais de faire taire »[2]. En cas d'adoption, la difficulté résulterait de la fiabilité des renseignements communiqués par les tortionnaires dans la mesure où ils anticipent la simulation de faux aveux en cas d'arrestation. Envisager le retour de la torture est une fausse solution de lutte antiterroriste pour au moins deux raisons. Elle serait le signe manifeste de l'échec des générations présentes à résoudre pacifiquement les problèmes contemporains, puis une régression tangible de la protection de la dignité humaine du détenu. Les actes de vengeance se multiplieraient de part et d'autre et accentueraient la dégradation du climat sécuritaire. Le constat demeure le

---

à l'intérieur d'un territoire déterminé, revendique pour son propre compte le monopole de la violence physique légitime ».

[1] CORTEN Olivier, « La banalisation de la torture comme un instrument de lutte contre le terrorisme : comme au cinéma ? », *Revue interdisciplinaire d'études juridiques*, 2017, p. 229-251.

[2] SIRONI Françoise, BRANCHE Raphaëlle, « La torture aux frontières de l'humain », *Revue internationale des sciences sociales*, 2002, p. 591-600.

même, les deux Cours sont fermes sur la protection de la dignité humaine du détenu contre la torture et les mauvais traitements. Par leur ingéniosité, elles continuent à élargir progressivement le contenu de la dignité en y intégrant de nouveaux comportements attentatoires.

B. Les fouilles corporelles et l'isolement

66. Les juges européens et africains considèrent que les fouilles corporelles **(1)** et l'isolement **(2)** sont humiliants et susceptibles, dans certaines circonstances, de porter atteinte à la dignité humaine du détenu.

1. Les fouilles corporelles

67. L'admission des fouilles corporelles comme attentatoire à la dignité humaine du détenu est une construction purement jurisprudentielle. En principe, elles ne sont pas contraires à la dignité humaine, d'autant plus qu'elles sont des mesures de bonne administration des établissements pénitentiaires. Elles visent à garantir la sécurité des détenus et du personnel pénitentiaire, tout en prévenant la commission d'infractions, notamment par la détection de substances ou d'objets interdits ou dangereux. Il en existe trois types : la fouille par palpation, la fouille intégrale et la fouille interne. La première consiste à palper le détenu sans lui retirer ses vêtements, la deuxième nécessite la mise à nu du détenu afin de s'assurer qu'il n'a rien dissimulé. Enfin, la dernière consiste en un examen radiographique ou anal lorsque le détenu est soupçonné d'avoir introduit des objets ou substances nuisibles[1]. La Cour européenne estime qu'« elles doivent être menées selon les modalités adéquates »[2]. *A contrario*, toutes fouilles intégrales systématiques non justifiées par un impératif de sécurité et strictement non nécessaires sont contraires à la dignité du détenu, car, en plus d'être humiliantes, elles s'apparentent à une mesure arbitraire. Dans l'arrêt *El Shennawy c. France* du 20 janvier 2011, le détenu était soumis à plus de quatre fouilles intégrales dans la journée. La Cour a estimé qu'elles étaient contraires à la Convention parce qu'elles créent « le sentiment d'arbitraire, celui d'infériorité et l'angoisse qui y sont souvent associés, et celui d'une profonde atteinte à la dignité que provoque l'obligation de se déshabiller devant autrui et de se soumettre à une inspection anale visuelle »[3]. De même, constitue une atteinte à la dignité humaine du détenu le fait de l'obliger à se dévêtir entièrement en présence d'une femme, puis de soumettre ses organes génitaux à une palpation effectuée à mains nues[4]. Même isolée, la fouille corporelle peut porter atteinte à la dignité humaine du détenu dès lors qu'elle est injustifiée et vise manifestement à humilier et à avilir[5]. Or, bien souvent l'intimité des détenus est régulièrement exposée aux regards du personnel

[1] Observatoire international des prisons (OIP), « Les fouilles », *op. cit.*, p. 494-509.

[2] CEDH, *Valašinas c. Lituanie*, Requête n°44558/98, arrêt du 24 juillet 2001, § 117.

[3] CEDH, *El Shennawy c. France*, Requête n°51246/08, arrêt du 20 janvier 2011, § 37.

[4] CEDH, *Valašinas c. Lituanie*, Requête n°44558/98, arrêt du 24 juillet 2001, § 117.

[5] CEDH, *Yankov c. Bulgarie*, Requête n°39084/97, arrêt du 11 décembre 2003, § 110.

des divers établissements carcéraux[1]. Cette situation est humiliante et suscite un risque d'atteinte à l'intégrité physique de ces derniers[2]. La Cour procède donc à une analyse rigoureuse afin de déterminer si ces mesures interviennent dans le cadre de la bonne administration de la prison ou dans le dessein de nuire à ce dernier. La Cour africaine lutte également contre les fouilles corporelles injustes. Elle considère qu'elles portent atteinte à la dignité humaine du détenu[3] dans les mêmes conditions précitées. Dans sa décision *Lucien Ikili Rashidi c. République-Unie de Tanzanie* du 28 mars 2019, elle a estimé que « la fouille rectale effectuée sur le requérant constitue une violation du droit au respect de sa dignité et de ne pas être soumis à des traitements dégradants »[4]. En effet, l'article 5 de la Charte ne mentionnant pas explicitement la fouille en tant que composante de la dignité humaine, la Cour procède à une interprétation large de cette disposition en vue d'opérer « un contrôle de proportionnalité et de régularité » de la fouille[5]. Ainsi donc, la Cour ne prohibe pas les fouilles légales, nécessaires et proportionnées au regard des objectifs poursuivis. Elle sanctionne uniquement celles qui, par leur nature ou leurs modalités, tendent à déshumaniser ou à réduire la personne à un simple objet. Ces règles ne sont pas fidèlement respectées. En Côte d'Ivoire, une opération de

---

[1] CONTRÔLEUR GÉNÉRAL DES LIEUX DE PRIVATION DE LIBERTÉ FRANCE, *L'intimité au risque de la privation de liberté*, Dalloz, 2022, p. 1.

[2] *Ibid.*

[3] CHAZOT Rolande, VIOLET Franck, *La souffrance en prison*, L'Harmattan, 2020, p. 43.

[4] CADHP, *Lucien Ikili Rashidi c. République-Unie de Tanzanie*, Requête n°009/2015, arrêt du 28 Mars 2019, § 96.

[5] DABIRE Tierowe Germain, « Commentaire _ *Affaire Lucien IKIKI RASHIDI c. République de Tanzanie*, Requête n°009/2015 », in SOMA Abdoulaye et DABIRÉ Samson Mwin Sôg Mè, *op. cit.*, p. 301.

fouille qualifiée de « routine » a tourné au drame mardi 3 juin 2025 à la prison de Bouaké, causant la mort de cinq détenus et faisant 29 blessés, dont six agents pénitentiaires, selon un communiqué du procureur de la République[1]. Une question s'impose : comment une simple opération de routine a-t-elle pu dégénérer en un tel drame ? Certes, des objets prohibés ont été découverts dans les cellules, notamment plusieurs blocs de cannabis, des plaquettes de comprimés de Tramadol, dix-huit téléphones portables – dont huit smartphones, trois grenades et diverses armes blanches[2]. Mais là encore, une question demeure : comment l'administration pénitentiaire peut-elle expliquer la présence de tels objets au sein d'un établissement censé être sécurisé ? Manifestement, le système est défaillant et ne respecte pas la dignité humaine des détenus. Dans un État de droit, il est en effet inconcevable qu'une simple fouille puisse aboutir à une telle catastrophe. À travers les fouilles, c'est l'intimité du détenu que la Cour cherche à protéger, car sa méconnaissance constituerait une humiliation susceptible de surpasser le seuil de gravité exigée.

2. L'isolement

68. À l'instar des fouilles corporelles, l'isolement cellulaire est une mesure d'administration des

[1] « Côte d'Ivoire : des incidents à la maison pénale de Bouaké entre gardiens et prisonniers font cinq morts », sur RFI [en ligne], publié le 3 juin 2025, [consulté le 5 juin 2025].
[2] *Ibid.*

établissements pénitentiaires[1]. C'est un régime de sécurité qui vise à réduire les contacts du détenu indiscipliné avec ces codétenus et du personnel de la prison. Cette mesure peut également s'étendre à une limitation des visites aux seuls membres de la famille et une réduction des contacts physiques[2]. Il s'agit de l'isolement social. La Cour condamne également l'isolement sensoriel dans lequel le détenu ne ressent aucune sensation. En principe, l'exclusion d'un détenu dangereux de la collectivité carcérale ne constitue pas en elle-même un traitement inhumain contraire à la Convention quand elle est justifiée de manière substantielle afin d'éviter tout risque d'arbitraire[3]. Il s'agit plutôt d'une mesure préventive de risques d'évasion, d'agression ou de perturbation des établissements pénitentiaires afin que les autorités puissent effectuer un contrôle rigoureux. Dans cette perspective, l'isolement du détenu jugé dangereux et incontrôlable apparaît comme la seule mesure envisageable. Toutefois, elle peut entraîner des conséquences néfastes, physiques et psychologiques sur ce dernier[4]. C'est pourquoi la Cour européenne insiste particulièrement sur la durée, la justification, la relativité et la finalité de cette mesure. Dans l'affaire *Lorsé c. Pays-Bas* du 4 février 2003, elle affirme expressément que la compatibilité de l'isolement avec la Convention est

---

[1] ZINGONI-FERNANDEZ Malena et GIOVANNINI Nicola, *La détention en isolement dans les prisons européennes*, Bruylant, 2004, p. 105-106.

[2] MASSIAS Florence, « La protection de la santé et de la dignité du détenu par la jurisprudence de la Cour européenne des droits de l'homme », *Cahiers de la recherche sur les droits fondamentaux*, [en ligne], [consulté le 27 avril 2023].

[3] CEDH, *Khider c. France*, Requête n°39364/05, arrêt du 9 juillet 2009, § 104.

[4] ZINGONI-FERNANDEZ Malena et GIOVANNINI Nicola, *op. cit.*, p. 108-109.

subordonnée à sa rigueur, sa durée, l'objectif poursuivi et son effet sur le détenu[1]. L'isolement de longue durée sans contrôle peut conduire à une atteinte grave à la dignité humaine. Par conséquent, l'administration doit limiter sa durée en examinant régulièrement la situation du détenu et surtout son état d'esprit. Selon la docteure Sophie Baron-Laforêt, le taux de suicide en isolement est sept fois plus élevé qu'en situation normale[2]. Toute amélioration du comportement du détenu devrait entraîner, de manière systématique, sa réintégration dans le régime de détention ordinaire. Les autorités doivent donc avoir des motifs légitimes proportionnels à l'objectif recherché avant de recourir à cette pratique.

69. La Cour fait également une distinction entre l'isolement partiel et total. Aucune justification de l'administration n'autorise que soient prises à l'encontre du détenu des mesures générales et totales. Même lorsque l'isolement est relatif, il « ne saurait être imposé à un détenu indéfiniment »[3]. Tout isolement dont la finalité s'éloigne de la bonne administration de la prison s'apparente à une sorte d'« emprisonnement dans la prison », ce qui constitue une violation manifeste de la Convention. L'état de santé du détenu doit être pris en compte au moment de la décision d'isolement. Dans l'affaire *Keenan c. Royaume-Uni* du 3 avril 2001, la Cour a conclu que l'infliction d'une sanction disciplinaire lourde, dont sept jours d'isolement dans le

---

[1] CEDH, *Lorsé c. Pays-Bas*, arrêt du 4 février 2003 ; commentaire JCP G, 2003, I, 160.

[2] KEIL Patrick, *Du barreau aux barreaux : la descente aux enfers du juge de l'affaire Festina*, Jean-Claude Gawsewitch Éditeur, 2009, p. 192.

[3] CEDH, *Ramirez Sanchez c. France*, Requête n°59450/00, arrêt du 4 juillet 2006, § 145.

quartier disciplinaire et vingt-huit jours de détention supplémentaires, deux semaines après les faits, à un détenu malade dont la tendance suicidaire était connue, laquelle s'est finalement réalisée, constitue un traitement inhumain[1]. La Cour africaine n'a pas toujours eu l'occasion de se prononcer spécifiquement sur le cas de l'isolement, mais dans l'affaire *Léon Mugesera c. République du Rwanda*, elle a affirmé que le placement en isolement d'un détenu dont l'état de santé est précaire constitue une situation particulièrement grave, susceptible d'engendrer un risque vital, et dès lors contraire aux exigences de la Charte africaine[2]. Cette pratique instaure une situation de dépendance absolue du détenu à l'égard de l'administration pénitentiaire. Or, la dépendance du détenu au personnel pour tout acte ordinaire de la vie civile est contraire à sa dignité, car elle conduit à l'infantilisation fréquente ou au moins à une forme de déresponsabilisation de ce dernier[3]. Cependant, elle ne fait aucune distinction sur les formes d'isolement. Les fouilles corporelles et l'isolement cellulaire sont des mesures d'administration des établissements pénitentiaires qui ne doivent s'effectuer sous peine de sanction que dans le respect de la dignité du détenu en tenant également compte de son état de santé.

---

[1] CEDH, *Keenan c. Royaume-Uni*, Requête n°27229/95, arrêt du 3 avril 2001, § 116.

[2] CADHP, *Léon Mugesera c. République du Rwanda*, Requête n°012/2017, arrêt du 27 novembre 2020, § 104.

[3] CHAZOT Rolande, VIOLET Franck, *La souffrance en prison*, L'Harmattan, 2020, p. 43.

§ 2. La prescription de services conforme à la dignité humaine du détenu

70. La protection de la dignité physique nécessite également de l'administration carcérale qu'elle prescrive des services conformes à la santé du détenu **(A)** puis la prise en compte d'un bien-être général **(B)**.

A. La nécessité de soins médicaux idoines

71. La problématique de la santé en prison est cruciale, car l'incarcération provoque des effets délétères sur l'état physique et psychologique du détenu[1]. Le respect de la dignité humaine impose la protection de la vie des personnes privées de liberté contre les maladies. Dans l'affaire *Kudła c. Pologne*, la Cour européenne a souligné qu'en vertu de l'article 3 de la Convention, chaque État a l'obligation de

> « s'assurer que tout prisonnier est détenu dans des conditions qui sont compatibles avec le respect de la dignité humaine, que les modalités d'exécution de la mesure ne soumettent pas l'intéressé à une détresse ou à une épreuve d'une intensité qui excède le niveau inévitable de souffrance inhérent à la détention et que, eu égard aux exigences pratiques de l'emprisonnement, la santé (...) du prisonnier sont assurés de manière adéquate, notamment par l'administration des soins médicaux requis »[2].

---

[1] HARRA- MASMOUDI Wafa, « Le statut du détenu malade », *Droit, Santé et Société*, 2018, p. 59-77.

[2] CEDH, *Kudła c. Pologne*, Requête n°30210/96, arrêt du 26 octobre 2000, § 94.

La santé des détenus étant devenue une question de société[1], l'administration pénitentiaire a l'obligation de prendre en charge tout détenu malade. Il s'agit d'une obligation de moyen et non de résultat. Elle doit simplement agir de bonne foi en mobilisant tous les moyens raisonnablement disponibles afin d'assurer les soins nécessaires à la guérison du détenu. Néanmoins, son consentement est indispensable pour toute prescription médicale, car constitue une atteinte à l'intégrité physique, le fait d'imposer à une personne un traitement sans préalablement recueillir son consentement[2]. Cependant, la Cour « se reconnaît suffisamment de flexibilité pour décider, au cas par cas, si les carences dans les soins médicaux ont été compatibles avec la dignité humaine du détenu »[3].

72. Cette obligation de soins ne se limite pas à la simple prescription de médicaments, mais englobe également l'ensemble des mesures nécessaires à la prise en charge médicale complète du détenu. Les autorités pénitentiaires doivent être au cœur du processus, c'est-à-dire qu'elles doivent veiller à ce que le détenu suive correctement son traitement. En raison de leur situation de particulière vulnérabilité, les autorités ont l'obligation de justifier tout traitement infligé aux personnes privées de liberté. Dans l'affaire *Kats et autres c. Ukraine* du 18 décembre 2008, la requérante Ollga Biliak était schizophrène et infectée du VIH. Par un mauvais diagnostic, elle fut examinée et jugée globalement en bonne santé et apte à la détention par des

---

[1] BONNE-HARBIL Aurelie, *Droit et santé en détention* [microfiche], LEH édition, 2018, p. 29.
[2] YOUHNOVSKI-SAGON Anne-Laure, *Le droit de la vie humaine*, Dalloz, 2023, p. 344.
[3] CEDH, *Martzaklis et autres c. Grèce*, Requête n°20378/13, arrêt du 9 juillet 2015, § 65.

médecins de la prison. Elle succomba finalement. Après expertise, la cause de la mort résulterait directement de l'inadéquation des soins médicaux administrés[1]. La Cour conclut que les circonstances de cette mort sont inacceptables dans une démocratie, car « une société démocratique digne de ce nom doit respecter la dignité humaine de tout individu quel qu'il soit et de tout individu quel que soit son statut »[2].

73. La santé étant la première condition de la vie, la dignité des détenus ne peut être protégée si l'état de leur santé n'est pas une priorité des établissements pénitentiaires[3]. En vertu de l'égale dignité des individus, l'État a l'obligation de garantir les mêmes possibilités de soins aux citoyens. Rien ne saurait justifier, sans que cela soit perçu comme une méconnaissance du régime juridique de la détention, l'admission de soins inadaptés aux détenus. Dans toute société fondée sur la protection des droits de l'homme, une importance particulière doit être accordée à la santé des individus. Elle est allée plus loin en affirmant qu'il n'est pas impossible qu'un traitement soit en lui-même contraire à la dignité humaine. Dans son arrêt *Pretty c. Royaume-Uni* du 29 avril 2002, elle a reconnu qu'un traitement peut être qualifié de dégradant s'il humilie ou avilit et témoigne d'un manque de respect de la dignité du détenu. Toute souffrance découlant également d'une maladie survenant naturellement, qu'elle soit physique ou

---

[1] CEDH, *Kats et autres c. Ukraine*, Requête n°29971/04, arrêt du 3 avril 2001, § 111.

[2] ANDRIANTSIMBAZOVINA Joël, « Rapport de synthèse. Une modernisation progressive du droit des détenus », in DEFLOU Arnaud, *Le droit des détenus. Sécurité ou réinsertion ?*, Dalloz, 2010, p. 159-165.

[3] BONNE-HARBIL Aurelie, *op. cit.*, p. 29.

mentale, peut être contraire à la dignité si elle se trouve ou risque de se trouver exacerbée par un traitement médical[1]. Les autorités sont donc soumises à l'obligation de vigilance au moment du choix du traitement.

74. La satisfaction de cette obligation peut amener l'administration à hospitaliser le détenu à l'extérieur si son état de santé l'exige. Toutefois, il résulte de la jurisprudence constante de la Cour que la Convention, notamment l'article 3, ne prévoit pas une « obligation générale de libérer un détenu pour des motifs de santé »[2]. Il revient donc aux autorités compétentes d'apprécier, au cas par cas, la gravité de la situation afin de prendre une décision appropriée dans les limites de leur pouvoir discrétionnaire. Le détenu n'est donc pas fondé à revendiquer ce droit. Cette obligation de l'administration subsiste même après le décès. L'autorité détentrice a l'obligation de fournir des explications circonstanciées sur les causes du décès ainsi que sur les soins ou traitements administrés à la personne avant sa mort[3]. C'est une sorte de contrôle *a posteriori* permettant de faire la lumière sur les circonstances réelles du décès, car « les prisons ne devraient pas être comme les portes de l'enfer »[4]. Le respect de la dignité étant contraire à la torture et aux mauvais traitements, il s'agit de s'assurer que l'administration a satisfait à son obligation, auquel cas sa

---

[1] CEDH, *Pretty c. Royaume-Uni*, Requête n°2346/02, arrêt du 29 avril 2002, § 52.
[2] CEDH, *Kats et autres c. Ukraine*, Requête n°29971/04, arrêt du 3 avril 2001, § 49.
[3] *Ibid.*
[4] CEDH, *Abdullah Öcalan c. Turquie (n°2)*, Requêtes n°s 24069/03, 197/04, 6201/06 et 10464/07, arrêt du 18 mars 2014, opinion partiellement dissidente du juge Pinto de Albuquerque § 24.

responsabilité sera retenue sur le fondement de l'article 3 de la Convention[1].

75. La Cour africaine reconnaît également que le droit à la santé fait partie intégrante de la dignité humaine. Il incombe à l'administration de fournir au détenu une assistance médicale essentielle dès lors qu'elle se rend compte du besoin de ce dernier, même lorsque la maladie ou la blessure est de son propre fait[2]. Dans l'hypothèse où sa famille aurait été obligée d'intervenir financièrement dans l'achat de ses médicaments, elle est fondée à demander réparation[3]. La dignité humaine du détenu est également contraire à l'« accès limité au médecin et aux médicaments »[4]. C'est pourquoi l'absence de personnel sanitaire qualifié, le manque ou l'inadéquation de l'équipement médical constitue également une atteinte à l'obligation de l'État et porte atteinte à la dignité humaine[5]. La pandémie de Covid-19 a révélé davantage la faiblesse des conditions sanitaires en milieu carcéral en Europe et en Afrique. S'indignant de l'état catastrophique des conditions sanitaires dans les établissements pénitentiaires en France, Amnesty International titrait dans un article publié le 6 mai 2020 : « Covid-19 en France : Dans les prisons aussi, le

---

[1] CEDH, *Murray c. Pays-Bas*, Requête n°10511/10, arrêt du 26 avril 2016, § 105.

[2] CADHP, *makungu Misalaba c. République-Unie de Tanzanie*, *op. cit.*, § 176.

[3] CADHP, *Joseph John c. République-Unie de Tanzanie*, Requête n°005/2018, arrêt du 22 septembre 2022, § 123.

[4] CADHP, *Léon Mugesera c. République du Rwanda*, Requête n° 012/2017, arrêt du 27 novembre 2020, § 90.

[5] CEDH, *A.A. c. Grèce*, Requête n°12186/08, arrêt du 22 juillet 2010, §58.

droit à la santé doit être garanti »[1]. Ce frontispice révèle l'insuffisance des mesures préventives de lutte contre la pandémie. L'administration s'est révélée incapable d'assurer la protection de la santé du personnel pénitentiaire, et *a fortiori* celle des personnes détenues. La surpopulation carcérale et le manque de moyens ont été les principaux facteurs de cet insuccès. En Afrique également, les difficultés de prise en charge en raison de l'insuffisance d'agents de santé, l'absence d'infirmerie dans certaines prisons ont contribué à relever le statut de « parent pauvre du système carcéral africain »[2]. La pandémie a rapidement franchi les portes de la prison, contaminant ainsi les détenus et les agents pénitentiaires. Le manque d'équipement de dépistage et l'incapacité d'isoler les détenus testés positifs ont vite montré les carences du système. Les conditions d'accès aux soins doivent s'effectuer en vertu du principe général d'égalité qui caractérise l'État. Mais dans le contexte africain, « les inégalités d'expérience des maux comme celles du recours au soin »[3] des personnes privées de liberté sont fondées le plus souvent sur la classe sociale ou sur les relations avec l'administration. Les détenus les plus nantis ou ayant jadis un statut privilégié bénéficient d'un traitement spécial parfois non officiel obtenu grâce aux faveurs et au clientélisme. En tout état de cause, cet environnement indigne atteste d'une lacune du service public pénitentiaire. Les juges de Strasbourg et d'Arusha s'accordent à reconnaître que le droit à la santé constitue

[1] Amnesty international, « Codiv-19 en France : Dans les prisons aussi, le droit à la santé doit être garanti » [en ligne], [consulté le 06 mai 2023].
[2] LE MARCIS Frédéric, « Épidémies et Covid-19 dans les prisons africaines : l'occasion d'une approche de la santé vraiment globale », *op. cit.*, p. 583-587.
[3] *Ibid.*

une composante essentielle de la dignité humaine du détenu. Toutefois, elle privilégie une approche plus étendue, englobant d'autres conditions de détention affectant la dignité et les droits fondamentaux du détenu.

B. La nécessité d'un bien-être général

76. La protection de la dignité humaine du détenu exige de l'administration carcérale la prise en compte du bien-être du détenu. La Cour de Strasbourg a rappelé dans l'affaire *Dzieciak c. Pologne* de 2008 :

> « Le droit de tous les détenus à des conditions de détention compatibles avec la dignité humaine, de manière à garantir que les modalités d'exécution des mesures imposées ne les soumettent pas à une détresse ou à une épreuve d'une intensité excédant le niveau inévitable de souffrance inhérent à la détention ; en outre, outre la santé des détenus, leur bien-être doit également être assuré de manière adéquate, compte tenu des exigences pratiques de l'emprisonnement »[1].

Le bien-être constitue une notion juridique aux contours larges, intégrant une pluralité de facteurs excédant la seule dimension sanitaire[2]. Les deux Cours intègrent au contenu normatif de la dignité humaine du détenu cette exigence. La difficulté réside dans le fait qu'elles ne donnent aucune définition précise de cette notion, mais se contentent de faire des énumérations non exhaustives permettant d'identifier quelques éléments de sa substance.

---

[1] CEDH, *Dzieciak c. Pologne*, Requête n° 77766/01, arrêt du 9 décembre 2008, § 91 ; CEDH, *Kudła c. Pologne*, Requête n°30210/96, arrêt du 26 octobre 2000, § 94.

[2] CEDH, *Poghossian c. Géorgie*, Requête n°9870/07, arrêt du 24 février 2009, § 48.

L'alimentation du détenu semble être la première composante de cette notion. La Cour européenne souligne régulièrement que « le bien-être général d'un détenu implique, entre autres, l'obligation de nourrir convenablement celui-ci »[1]. L'administration a l'obligation de protéger le détenu contre la menace grave que constitue la privation de nourriture, en veillant à ce qu'il soit préservé de l'arme redoutable de la faim. Toutefois, contrairement à la santé, le droit à l'alimentation est une obligation de résultat. L'État doit impérativement procurer de la nourriture convenable aux détenus, car « le droit à l'alimentation est inextricablement lié à la dignité des êtres humains »[2].

77. De même, la Cour africaine rappelle que la dignité humaine du détenu est inconciliable avec la privation de nourriture adéquate[3]. En conséquence, aucune justification ne saurait être admise pour légitimer une telle privation. Pourtant, dans les deux régions, les détenus remettent en cause, très souvent, la quantité, la qualité et l'adaptation de l'alimentation aux régimes spéciaux des malades[4]. Au Burkina Faso par exemple, le montant journalier réservé pour l'alimentation d'un détenu était d'environ cent-soixante-cinq (165) francs CFA, soit 0,25 euro[5] contre 3,80

---

[1] CEDH, *Ebedin Abi c. Turquie*, Requête n°10839/09, arrêt du 13 mars 2018, § 33.

[2] HENNETTE-VAUCHEZ Stéphanie, *Droits de l'homme et libertés fondamentales*, Dalloz, 2022, p. 29.

[3] CADHP, *Léon Mugesera c. République du Rwanda*, Requête n° 012/2017, arrêt du 27 novembre 2020, § 104.

[4] Observatoire international des prisons (OIP), « L'alimentation », *op. cit.*, p. 194-198.

[5] LE MARCIS Frédéric, *op. cit.*, p. 583-587.

€ pour un détenu en Belgique en 2017[1]. Dans de telles circonstances, il demeure incertain que les obligations imposées par la Cour soient pleinement respectées. Cette situation peut s'assimiler à un traitement contraire à la dignité humaine parce qu'elle détériore davantage la santé des détenus. Or, en se conformant à cette exigence, l'administration pénitentiaire tire au moins un double avantage. Elle respecte ses engagements conventionnels et évite ainsi d'éventuelles dépenses de santé, en ce sens que la nourriture constitue en elle-même un remède. C'est dans cette perspective que s'inscrit la célèbre formule attribuée à Hippocrate : « que ton alimentation soit ta meilleure médecine ! »[2].

78. En l'absence d'une énumération exhaustive de son contenu dans les deux systèmes, cette notion pourrait inclure le droit du détenu à l'instruction et aux loisirs. La Cour d'Arusha souligne d'ailleurs que la garantie de la dignité humaine du détenu implique le bannissement total de toute angoisse de ce dernier, ce qui suppose des conditions de détention qui favorisent un engagement physique et des possibilités d'éducation[3]. Cette position des Cours est parfaitement conforme au droit international. Les *Principes fondamentaux relatifs au traitement des détenus* adoptés par l'Assemblée générale des NU dans sa Résolution 45/111 du 14 décembre 1990 stipulent que

---

[1] SUDINFO, Voici ce que coûte un détenu par jour à l'État belge : un budget énorme, mais en diminution par rapport à 2016 [en ligne], publié le 07/01/2019, [consulté le 20 avril 2024].

[2] BOUDON-MILLOT Véronique, « "Que ton alimentation soit ta meilleure médecine !" » ou la fortune exceptionnelle d'un adage pseudo-hippocratique », *Revue des Études Grecques*, 2016, p. 329-348.

[3] CADHP, *makungu Misalaba c. République-Unie de Tanzanie*, *op. cit.*, § 171.

« tous les détenus ont le droit de participer à des activités culturelles et de bénéficier d'un enseignement visant au plein épanouissement de la personnalité humaine » (principe n°6). Dans sa Recommandation n° R (89) 12, le Conseil de l'Europe affirme que « tous les détenus doivent avoir accès à l'éducation, qui devrait englober l'instruction de base, la formation professionnelle, les activités créatrices et culturelles, l'éducation physique et les sports, l'éducation sociale et la possibilité de fréquenter une bibliothèque »[1]. Dans sa Recommandation Rec (2006)2, il déclare à nouveau qu'« une attention particulière doit être portée à l'éducation des jeunes détenus et de ceux ayant des besoins particuliers »[2]. En effet, l'éducation, la culture et les loisirs participent à la protection de la dignité humaine parce qu'ils amoindrissent la souffrance du détenu. Ces moments d'épanouissement physique et psychologique éloignent le détenu de « l'isolement et la froidure paralysante de la cellule ou du cachot » et contribuent ainsi à la préservation de sa santé[3]. Il n'est pas si évident, surtout en Afrique, que tous les centres de détention garantissent le droit du détenu à l'instruction et aux loisirs en raison des nombreux dysfonctionnements de ces établissements.

---

[1] Conseil de l'Europe, Recommandation n° R (89) 12 du Comité des Ministres du Conseil de l'Europe le 13 octobre 1989 sur l'éducation en prison.

[2] Recommandation Rec (2006)2-rev du Comité des Ministres aux États membres sur les Règles pénitentiaires européennes.

[3] BODIN Dominique, ROBENE Luc, HEAS Stéphane, SEMPE Gaëlle, « Le sport en prison : entre insertion et paix sociale. Jeux, enjeux et relations de pouvoirs à travers les pratiques corporelles de la jeunesse masculine incarcérée », Revue d'histoire de l'enfance « irrégulière » [En ligne], 9 | 2007, mis en ligne le 27 janvier 2009, consulté le 04 juin 2024.

79. Enfin, les changements abusifs de lieux de détention engendrent une souffrance physique et psychologique considérable, en contradiction manifeste avec le respect du bien-être du détenu. La Cour européenne a affirmé que les changements répétés d'établissement imposés au détenu entraînent des conséquences très néfastes sur le bien-être psychique[1]. La prise en compte de cette exigence nécessite également des mesures supplémentaires en raison de la particularité de certains détenus. C'est ainsi que le bien-être d'un détenu atteint de troubles mentaux peut constituer un facteur additionnel à prendre en compte par l'administration carcérale en raison de la situation particulière dans laquelle il se trouve par rapport aux autres détenus[2]. Le respect de cette exigence peut contraindre les autorités à fournir à certains détenus une assistance sociale continue ou à les internés dans des établissements psychiatriques appropriés, ce qui implique, de manière évidente, un investissement financier substantiel. Même si elle s'apprécie au cas par cas, l'absence générale de prise en compte du bien-être du détenu est contraire à la dignité humaine du détenu.

Section 2 - L'exigence de protection de la dignité morale du détenu

80. Si la dignité physique a longtemps été l'épicentre de la protection de la dignité humaine, l'élargissement du contenu normatif de la dignité prend timidement en compte

---

[1] CEDH, *Bamouhammad c. Belgique*, Requête n°47687/13, arrêt du 17 novembre 2015, § 131.

[2] CEDH, *Sy c. Italie*, Requête n°11791/20, arrêt du 24 janvier 2022, § 110.

la dignité morale qui se caractérise par l'affirmation du droit du détenu aux relations familiales **(§ 1)** et personnelles **(§2)**.

§ 1. Le droit du détenu aux relations familiales

81. L'incarcération d'une personne a toujours des effets néfastes sur d'autres individus qui pourtant ne sont pas condamnés par la justice[1]. Ainsi, elle porte inévitablement une grave entrave au droit à la vie privée et familiale du détenu[2]. Or, il s'agit d'un droit fondamental de la personne humaine. Ce droit semble être absolu, d'autant plus qu'il doit être protégé même pendant la détention. Le juge européen subordonne le droit du détenu aux relations familiales à la préservation des liens avec la « famille proche » **(A)**. Quant au juge africain, il opte plutôt pour la famille élargie **(B)**.

A. La préservation des liens avec la famille proche

82. Toute mesure privative de liberté porte nécessairement atteinte aux relations familiales[3]. Paradoxalement, « les familles de détenus constituent une zone d'ombre persistante à la périphérie des institutions

[1] ROSTAING Corinne, « Préface » In : TOURAUT Caroline, *La famille à l'épreuve de la prison* [en ligne], Lien Soc., Presses Universitaires de France, 2012, [consulté le 22 mai 2025].
[2] *Ibid.*
[3] *Ibid.*

carcérales »[1]. Pourtant, la protection de la dignité humaine implique la garantie de ce droit, car la protection des relations sociales du détenu est l'un des aspects inhérents au respect de la dignité. Le droit à la vie privée et familiale est consacré dans de nombreuses Conventions internationales. L'article 8, alinéa 1 de la Conv.EDH stipule que « toute personne a droit au respect de sa vie privée et familiale, de son domicile et de sa correspondance ». L'article 17 alinéa 1 du PIDCP déclare également que « nul ne sera l'objet d'immixtions arbitraires ou illégales dans sa vie privée, sa famille, son domicile ou sa correspondance, ni d'atteintes illégales à son honneur et à sa réputation ». Dans son arrêt *Mozer c. République de Moldova et Russie* du 23 février 2016, la Cour européenne réaffirme qu'en dépit de la détention, « il est cependant essentiel au respect de la vie familiale que l'administration pénitentiaire autorise le détenu, et l'aide au besoin, à maintenir le contact avec sa famille proche »[2]. Dans cette décision, elle impose deux obligations positives, c'est-à-dire « des obligations d'action à la charge des États »[3], afin qu'ils interviennent dans la préservation ou l'instauration, au besoin, d'un régime d'autorisation et d'aide dans le maintien des contacts familiaux. Cette position est protectrice de la dignité humaine dans la mesure où la rupture totale des contacts familiaux contribuerait à saper le moral, augmenter l'angoisse, la souffrance et la perte de tout droit à l'espoir. Il peut s'agir de communications téléphoniques, de

---

[1] TOURAUT Caroline, « Introduction » [en ligne], Lien Soc., Presses Universitaires de France, 2012, [consulté le 22 mai 2025].

[2] CEDH, *Mozer c. République de Moldova et Russie*, Requête n°11138/10, arrêt du 23 février 2016, § 190.

[3] COLOMBINE Madelaine, *La technique des obligations positives en droit de la Convention européenne des droits de l'Homme*, Dalloz, 2014, p. 1.

correspondances écrites ou de contacts physiques. Certes, l'instauration de contacts physiques peut soulever des difficultés, notamment en matière de sécurité, mais il incombe aux établissements pénitentiaires de concilier les impératifs liés à l'exécution de leur mission avec le respect des droits fondamentaux des personnes détenues. Cependant, dans la pratique, en raison des règles des centres de détention et de leurs applications par l'administration pénitentiaire, les échanges entre les détenus et leurs proches se font rares et protègent moins leur intimité[1]. Les facteurs entravant l'intimité des visites sont multiples : « la brièveté des parloirs, leur cadre architectural, leur contrôle, la présence des autres familles, l'impossibilité de créer une convivialité en raison notamment de l'interdiction de partager de la nourriture avec le détenu »[2]. Par ailleurs, une précision terminologique ne doit pas échapper à notre sagacité, parce qu'elle témoigne de la divergence de conception du droit dans le système européen et africain. La Cour européenne précise que le maintien des contacts familiaux concerne la « famille proche » du détenu. La complexité réside dans le fait qu'elle ne donne aucune définition de cette notion. L'on pourrait supposer qu'il s'agit soit de la famille nucléaire, soit de tout membre de la famille avec lequel le détenu entretient des liens personnels particuliers. Au-delà de cet obstacle, il convient de reconnaître que le soutien familial revêt une importance essentielle, voire déterminante, pour la survie des personnes détenues[3]. En effet, les visites familiales sont des remèdes efficaces contre l'angoisse, la souffrance psychologique et les suicides. Ce droit à l'espoir permet donc au détenu

---

[11] TOURAUT Caroline, « 5. Des échanges entravés », *op. cit.*

[2] *Ibid.*

[3] TOURAUT Caroline, « 4. Rester et soutenir », *op. cit.*

d'espérer, de supporter la douleur et d'envisager une autre vie après la détention. La négation de ce droit par l'administration pénitentiaire constituerait une violation des engagements internationaux et porterait une atteinte à la dignité humaine. La reconnaissance explicite du droit à la vie privée et familiale comme composante de la dignité humaine traduirait l'ingéniosité du juge dans l'interprétation des textes. Le juge africain est plus précis sur la question.

B. La préservation des liens avec la famille élargie

83. La préservation des liens familiaux du détenu est très importante, car la famille demeure « l'élément naturel et de base de la société »[1]. Le juge africain affirme qu'il s'agit d'une composante de la dignité humaine des personnes incarcérées. Dans sa décision *Léon Mugesera c. République du Rwanda* de 2020, la Cour a clairement déclaré que la dignité de la personne humaine est incompatible avec les difficultés à établir un contact avec la famille. Dans sa décision *makungu Misalaba c. République-Unie de Tanzanie* de 2023, elle a réaffirmé que la protection de la dignité humaine en milieu carcéral exige que le détenu puisse maintenir et cultiver des liens avec sa famille. Autrement dit, le respect de la dignité du détenu implique que l'administration prenne obligatoirement des

---

[1] Article 18 de la Charte africaine dispose que (1) « la famille est l'élément naturel et de base de la société. Elle doit être protégée par l'État qui doit veiller à sa santé physique et morale. (2) L'État a l'obligation d'assister la famille dans sa mission de gardienne de la morale et des valeurs traditionnelles reconnues par la Communauté ».

mesures adéquates pour garantir l'effectivité du maintien des liens entre ce dernier et sa famille.

84. Contrairement à l'Europe, le sens même du terme « famille » n'est pas aisé à saisir en Afrique. Définir la famille africaine relève d'un

> « exercice difficile non seulement en raison du grand nombre d'approches possibles, mais aussi et surtout parce que le terme, chargé de connotations affectives et éthiques, renvoie à l'expérience personnelle des observateurs et à leurs conceptions morales, quand ce n'est pas à leurs stéréotypes »[1].

À ce titre, le psychologue togolais Ferdinand Ezembe affirmait que « par le jeu des multiples alliances symboliques et biologiques, personne ne peut dire ni où commence ni où se termine une famille »[2]. Parfois, certaines personnes sont considérées comme faisant partie d'une famille sans que personne ne soit à même de dire avec précision la nature ou le degré du lien de filiation[3]. La famille en Afrique doit donc être comprise au sens très large. Cette position de la Cour africaine montre qu'elle est imbibée des valeurs africaines et surtout de la réalité de l'univers carcéral. En effet, la famille est souvent plus protectrice de la dignité du détenu que l'État. Abandonné à son sort dans une cellule, le plus souvent en déphasage avec la réglementation, la famille devient la seule entité à subvenir aux besoins du détenu[4]. Sur le plan matériel, elle

---

[1] GRELLEY Pierre, « Contrepoint - Famille, parenté et éducation en Afrique », *Informations sociales*, 2009, p. 21.
[2] *Ibid.*
[3] *Ibid.*
[4] DRICI Nordine, « Témoignage d'une ancienne condamnée à mort en Mauritanie », in AILINCAI Anca, PIVETEAU Charlotte, DRICI Nordine, *op. cit.*, p. 23.

est toujours solidaire de ce dernier. Elle lui apporte son soutien dans la limite des règles des établissements pénitentiaires. Bien souvent, elle a en charge l'alimentation de ce dernier. Certes, un minimum alimentaire est garanti par les établissements pénitentiaires, mais la qualité reste discutable en raison de la surpopulation carcérale. Enfin, le maintien des relations familiales est la manifestation de la reconnaissance de son « statut d'être social »[1]. Le soutien psychologique apporté par la famille allège la souffrance et redonne de l'espoir à ce dernier. Il a également droit au maintien de ses relations personnelles.

§ 2. Le droit du détenu aux relations personnelles

85. La détention n'est pas *ipso facto* un obstacle au droit du détenu aux relations personnelles. Si tel était le cas, elle s'assimilerait à une forme d'isolement général contraire à la dignité humaine. La garantie de la dignité morale du détenu implique qu'il puisse maintenir *a minima* les contacts avec son conseil juridique **(A)** et les organisations de défense des droits de l'Homme **(B)**.

A. Le maintien des contacts avec le conseil juridique

86. Le respect de la dignité humaine du détenu dans un État de droit implique le maintien de contacts privés avec

---

[1] YORO-DADIE Maryvonne Alice, *op.cit.*, p. 236.

son conseil juridique. Il est de jurisprudence constante qu'est contraire aux Conventions tout traitement dégradant, humiliant, avilissant et qui témoigne d'un manque de respect pour la personne privée de liberté[1]. Toute action contraire à cette prescription participe à la protection de sa dignité. Dans la décision *Khider c. France*, la Cour européenne estime que le maintien de contacts appropriés du requérant avec son avocat est indispensable pour sa vie[2]. D'ailleurs, elle débute dès la garde à vue. Toute personne placée en garde à vue a le droit d'être assistée d'un avocat dès le début, de même que pendant les interrogatoires[3]. C'est dans cette optique que dans son opinion concordante sous l'affaire *B.M. et autres c. France* du 6 juillet 2023, la juge Elósegui invitait le gouvernement français à « rendre possible l'accès à un avocat dans toutes les prisons françaises »[4]. La Cour africaine estime également que la dignité de la personne humaine est incompatible avec les difficultés du détenu à établir un contact avec son conseil juridique parce qu'elles « entraînent la démoralisation et la dégradation de la condition physique et mentale du détenu »[5]. Si, dans les deux systèmes, les Cours veillent à garantir le maintien des contacts entre le détenu et son avocat, c'est en raison du rôle essentiel que joue la présence

---

[1] CEDH, *Pretty c. Royaume-Uni*, Requête n 2346/02, arrêt du 29 avril 2002, § 52.

[2] CEDH, *Khider c. France*, Requête n°39364/05, arrêt du 9 juillet 2009, § 109.

[3] CEDH, *Brusco c. France*, Requête n° 1466/07, arrêt du 14 octobre 2010, § 45.

[4] Opinion concordante de la juge Elósegui sous l'arrêt CEDH, *B.M. et autres c. France*, Requêtes n°s 84187/17 et 5 autres, arrêt du 6 juillet 2023, § 2.

[5] CADHP, *Léon Mugesera c. République du Rwanda*, Requête n° 012/2017, arrêt du 27 novembre 2020, § 90.

de l'avocat en milieu carcéral dans la préservation de la dignité humaine.

87. Les détenus ont besoin d'assistance juridique surtout lorsqu'ils sont soupçonnés de la commission d'infractions particulièrement graves, car ils sont exposés au risque de torture et de mauvais traitements, surtout en Afrique où la protection de certains droits fondamentaux demeure problématique. Dans ces circonstances, la présence de l'avocat permet de réduire la souffrance psychologique de ces derniers. Si sa présence est nécessaire durant l'enquête et le déroulement du procès, elle n'est pas moins utile durant l'exécution de la peine parce qu'il est un acteur incontournable du respect des droits de l'homme. Dans son opinion partiellement dissidente sous l'affaire *Abdullah Öcalan c. Turquie (n°2)*, le juge Pinto de Albuquerque est plus pertinent :

> « L'accès à un avocat est crucial lorsqu'est purgée une peine d'emprisonnement, car il peut offrir un contrôle indépendant du régime carcéral appliqué, des sanctions disciplinaires imposées et des mesures spéciales de contrainte et de sécurité adoptées ainsi que de toute la panoplie des interdictions, restrictions et obligations attachées à la condition de détenu, et prendre le cas échéant des mesures pour rétablir ce dernier dans ses droits fondamentaux »[1].

Cette déclaration enrichissante du juge montre une fois de plus la prépondérance de l'avocat dans la protection de la dignité humaine. Sa simple présence soulage, rassure contre la souffrance morale et surtout contre d'éventuel arbitraire de l'administration. La méconnaissance par l'administration pénitentiaire de cette assistance juridique soulèverait deux

---

[1] CEDH, *Abdullah Öcalan c. Turquie (n°2)*, Requêtes n°s 24069/03, 197/04, 6201/06 et 10464/07, arrêt du 18 mars 2014, opinion partiellement dissidente du juge Pinto de Albuquerque, § 19.

difficultés majeures. De prime abord, le refus de tout contact de ce dernier avec son conseil juridique constitue manifestement une forme d'isolement de nature à le soumettre à une détresse intense qui excède le seuil de souffrance susceptible de porter atteinte à sa dignité. Enfin, elle jetterait le discrédit sur l'État de droit et le caractère démocratique de ces sociétés. Le fondement de l'État de droit étant la soumission de la puissance publique au droit[1], toute restriction des contacts du détenu s'analyserait comme un recul des droits de l'homme et incidemment de l'État de droit. En admettant donc le maintien de ses contacts avec son conseil juridique se posent la question des organisations de défense des droits de l'homme qui jouent parfois le rôle de conseil.

B. Le maintien des contacts avec les organisations de défense des droits humains

88. Les organisations de défense des droits de l'Homme jouent un rôle prépondérant dans la protection de la dignité humaine. La préservation des contacts du détenu avec ces organisations ou structures peut être légitimement invocable au soutien de la dignité humaine, dans la mesure où elles jouent le rôle de conseil juridique des détenus dans les deux systèmes. Indépendantes des gouvernements, elles dénoncent sans cesse l'indignité des conditions de détention. Sans leur intervention, il est incertain que la réalité de l'univers carcéral serait bien connue et d'actualité,

[1] KRENC Frédéric, « L'État de droit : une exigence à clarifier, un édifice à préserver », *Revue trimestrielle des droits de l'homme*, 2021, p. 775-790.

car les États ne sont pas si prompts à faire la lumière sur cet univers. Certes, aujourd'hui, les ONG protectrices des droits humains sont concurrencées par les organisations intergouvernementales, mais elles restent tout de même à l'avant-garde de la lutte contre l'indignité des conditions de détention[1]. Ne disposant pas toujours des moyens nécessaires pour contacter un avocat, les ONG saisissent les juridictions pour le compte des détenus, afin de mettre un terme à l'indignité carcérale. À cet effet, la Cour européenne a déclaré que « dans les sociétés actuelles, le recours à des entités collectives telles que les associations constitue l'un des moyens, et parfois le seul moyen, dont disposent les citoyens pour assurer une défense efficace de leurs intérêts particuliers »[2]. La rupture de tout contact avec ces entités du fait de l'administration constituerait un vice de procédure constitutif d'une atteinte à la dignité humaine, en ce qu'elle reviendrait à un isolement qui dissimulerait la réalité du milieu carcéral. Elles ont également pour mission d'effectuer des visites dans les centres de détention en vue de s'assurer de l'effectivité de la réglementation en l'état, et de dénoncer le cas échéant les irrégularités. Dans le système africain, la Cour d'Arusha va plus loin en affirmant que la protection de la dignité humaine du détenu exige également la préservation de ses liens avec « le monde extérieur »[3]. Si cette expression est vague et vaste, elle désigne principalement toute personne n'entretenant aucun lien de filiation avec le détenu. Au-delà même de leur fonction de

---

[1] DEMBELE Koumba, « Les ONG protectrices des droits humains en concurrence entre elles et avec les organisations intergouvernementales », *Civitas Europa*, 2020, p. 317-332.

[2] CEDH, *Beizaras et Levickas c. Lituanie*, Requêtes n°41288/15, arrêt du 14/05/2020, § 81.

[3] CADHP, *makungu Misalaba c. République-Unie de Tanzanie*, *op. cit.*, § 171.

conseil et d'observation des conditions de détention, le fonctionnement régulier de certains établissements pénitentiaires dépend en partie de leur appui, notamment matériel[1]. Les États s'appuient parfois sur leurs observations afin d'être plus efficaces dans la construction et l'aménagement des prisons. C'est dans cette optique qu'en 2011, l'architecte en charge des plans de la prison de Douala au Cameroun alléguait qu'elle serait baptisée « la prison d'Amnesty International » eu égard aux recommandations de cette structure[2]. Toutefois, contrairement au système européen, une lacune institutionnelle empêche ces organisations de faire valoir directement les droits des détenus devant la Cour africaine. La présence même de ces entités dans les centres de détention soulage la souffrance du détenu.

[1] BOUAGGA Yasmine, « Une mondialisation du « bien punir » ? La prison dans les programmes de développement », *Mouvements*, 2016, p. 50-58.
[2] LE MARCIS Frédéric, MORELLE Marie, « Dire la prison africaine par les cartes », *Politique africaine*, 2019, p. 5-24.

Conclusion partielle

89. La dignité de la personne humaine est incontestablement le fondement des droits de l'Homme. Si le concept est totalement absent dans la Convention européenne, la Charte africaine consacre deux formes de dignités – la dignité humaine des individus et l'égale dignité des peuples. Dans les systèmes européen et africain des droits de l'homme, l'ensemble de son contenu normatif n'a pas été clairement défini. Les traités permettent juste de saisir quelques éléments d'identification non exhaustive de son contenu. Or, l'effectivité de la protection d'un droit nécessite préalablement la connaissance de sa substance, de ses tenants et aboutissants. Dans cette perspective, les juges de Strasbourg et d'Arusha se sont érigés en architectes de la protection de la dignité humaine du détenu. À travers une interprétation intelligible et constructive de leurs instruments, ils œuvrent quotidiennement en faveur de l'élargissement du contenu juridique dudit concept. La reconnaissance de la dignité humaine, en tant que droit fondamental des personnes incarcérées, permet au mieux de protéger leur dignité physique et morale contre les éventuels abus de l'administration carcérale. Tout acte d'humiliation, de torture ou de mauvais traitements de nature à accroitre davantage la souffrance qu'engendre naturellement la détention est susceptible de tomber sous le coup du seuil d'intensité nécessaire pour porter atteinte à ce droit. Elle est absolue et indérogeable même en période de circonstance exceptionnelle. C'est pourquoi les Cours infligent aux États membres des obligations positives dans ce sens. Cependant, elles sont partagées sur la question de la peine de mort. Si le juge européen affirme sans équivoque la contrariété de la peine de mort avec la protection de la dignité humaine du détenu, le juge d'Arusha s'oppose à l'interdiction absolue de cette sentence. Il opère une distinction oiseuse entre la peine capitale obligatoire et non obligatoire avant de prohiber la première.

SECONDE PARTIE

UNE DIFFICILE MISE EN ŒUVRE DE LA PROTECTION DE LA DIGNITÉ HUMAINE DU DÉTENU

90. L'effectivité de la protection de la dignité humaine du détenu exige une mise en œuvre des décisions des juridictions régionales. La notion de « mise en œuvre » est peu définie par la doctrine[1]. Dans le cadre de la protection des droits de l'homme, il s'agit de « l'ensemble des mesures domestiques et internationales qui visent à rendre ces droits effectifs »[2]. Dans les systèmes européen et africain, les décisions supranationales sont difficilement prises en compte par les États membres à l'aune de l'indignité manifeste des établissements pénitentiaires. La puissance publique demeure le principal obstacle à la protection de la dignité humaine, d'autant plus que le détenu est sous sa responsabilité. Or, le fonctionnement normal de toute juridiction internationale est subordonné au « bon vouloir étatique »[3]. Lorsqu'un État refuse d'appliquer les décisions des instances supranationales, il est difficile de le contraindre. Ainsi, l'ineffectivité de la protection de la dignité humaine du détenu **(Chapitre 1)** pose le défi d'une politique carcérale plus humaine **(Chapitre 2)**.

---

[1] YORO-DADIE Maryvonne Alice, *op.cit.*, p. 287.

[2] BESSON Samantha, « L'effectivité des droits de l'homme », in Jean-Baptiste ZUFFERY, Jacques DUBEY, A. PREVITALI (dir.), *Mélanges en l'honneur de Marco Borghi*, Fribourg, AISUF, 2011, p. 53-84.

[3] BURGORGUE-LARSEN Laurence, « La Cour africaine des droits de l'homme et des peuples à la croisée des chemins », *Annuaire français de droit international*, 2020, p. 631-659.

Chapitre 1. L'ineffectivité de la protection de la dignité humaine du détenu

91. Malgré les obligations qui incombent aux États, l'institution carcérale présente toujours un visage peu reluisant d'une société démocratique[1]. Au niveau national, l'indignité des conditions de détention découle principalement des défaillances structurelles systémiques **(Section 1)** et fonctionnelles des établissements pénitentiaires **(Section 2)**.

Section 1 - Les défaillances structurelles systémiques des conditions de détention

92. Dans un État de droit et une société démocratique, les conditions d'hébergement des détenus doivent être compatibles avec le respect de la dignité humaine. Or, l'inadaptation constante de l'environnement carcéral **(§ 1)** puis des cellules à la situation personnelle du détenu **(§ 2)** conduisent inévitablement à une méconnaissance de ce droit fondamental.

§ 1. L'inadaptation de l'environnement carcéral

93. Très peu d'établissements pénitentiaires sont à même de se conformer au respect du principe de dignité humaine des personnes incarcérées en raison de la

---

[1] ROSTAING Corinne, « Conclusion. De la dégradation à la dignité », *Une institution dégradante, la prison*, Gallimard, 2021, p. 255-273.

surpopulation carcérale flagrante **(A)**, l'insalubrité et le manque d'hygiène **(B)**.

A. La surpopulation carcérale flagrante

94. Il est impossible de penser la protection de la dignité humaine des personnes incarcérées sans évoquer la problématique de la surpopulation carcérale. Il s'agit d'un fléau ancien qui perdure encore dans les sociétés démocratiques malgré les multiples dénonciations. Dès lors que l'administration se trouve dans l'incapacité de maîtriser la surpopulation carcérale, une dégradation des conditions d'hébergement en découle inévitablement. C'est une situation intolérable qui fait honte à la nature humaine et porte atteinte aux droits fondamentaux[1]. Pourtant, la plus grande caractéristique de l'État de droit et la société démocratique est qu'elle est imbibée des valeurs de l'humanité en plaçant la personne humaine au centre de toute action, elle n'est plus un moyen, mais une fin. Dans ces circonstances, l'administration poursuit à la fois un double objectif, « la protection de la société et la réinsertion des délinquants »[2]. L'indignité des conditions de détention et particulièrement de la surpopulation carcérale ne semble pas s'inscrire dans cette perspective. La définition des notions ou concepts étant indispensable pour cerner la problématique, la « surpopulation carcérale » ou « surpopulation pénitentiaire » comporte un aspect quantitatif et qualitatif. Le premier est le produit d'un déséquilibre manifeste entre la population carcérale et la

---

[1] HAZAN Adeline, « Surpopulation carcérale : le fléau français », *Après-demain*, 2018, p. 4-5.

[2] MARY Philippe, PAPATHEODOROU Théodore, *La surpopulation pénitentiaire en Europe, De la détention avant jugement à la libération conditionnelle*, Bruylant, 1999, p. 5.

capacité d'accueil. Le second résulte des difficultés de mener une vie digne et sécurisée en prison[1]. Une étude menée en novembre 2017 en France montre que « 69 307 personnes étaient détenues pour 58 681 places opérationnelles ; 1 638 personnes étaient réduites à dormir sur un matelas au sol. Le taux de densité carcérale globale s'élevait à 118 % et celui observé dans les maisons d'arrêt à 141 %, avec des pics à 200 % comme dans les maisons d'arrêt d'Île-de-France »[2].

95. En Afrique, la CNDH, dans son rapport de mai 2022, a estimé :

> « Les données carcérales exposées indiquent pourtant un taux d'occupation des prisons de Côte d'Ivoire à plus de 300 % à la date du 25 mai 2022. Environ trois (03) mois en arrière, à la date du 24 février 2022, la population carcérale s'élevait à 23 633 détenus. Entre ces deux (02) dates, les prisons de Côte d'Ivoire ont accueilli 1 488 nouveaux détenus. Sur la base de ces effectifs, la Côte d'Ivoire pourrait faire partie de la quinzaine de pays dans le monde dont le taux d'occupation des prisons est supérieur à 250 %, la hissant ainsi au rang des pays ayant une surpopulation hors normes »[3].

96. Au Cameroun, la prison centrale de Yaoundé, construite initialement pour 1000 détenus, avoisinait 4 000 déjà en 2014[4]. L'ensemble de ces données témoigne de la gravité d'un fléau qui transcende les aires géographiques. Dans l'affaire *Hüseyin Yıldırım c. Turquie* du 3 mai 2007, la Cour européenne réaffirme que « l'État [a] l'obligation positive de s'assurer qu'un prisonnier est détenu dans des

---

[1] *Ibid.*, p. 9.

[2] HAZAN Adeline, *op. cit.*, p. 4-5.

[3] CNDH, Rapport d'enquête, Impacts de la surpopulation sur les droits de l'homme dans les établissements pénitentiaires de Côte d'Ivoire, du 23 au 27 mai 2022, [en ligne], [consulté le 04 mai 2023].

[4] MORELLE Marie, « Être détenu à la prison centrale de Yaoundé (Cameroun) : une géographie du corps incarcéré », *L'Information géographique*, 2016, p. 93-113.

conditions compatibles avec le respect de la dignité humaine et que les modalités d'exécution de la mesure ne le soumettent pas à une détresse ou une épreuve d'une intensité qui excède le niveau inévitable de souffrance inhérent à la détention »[1]. La Cour africaine partage cette position. Dans l'affaire *Léon Mugesera c. République du Rwanda*, elle affirme qu'en ce qui concerne les détenus, les États parties à la Charte ont l'obligation de leur assurer les conditions nécessaires à une vie digne[2]. Dans sa décision *makungu Misalaba c. République-Unie de Tanzanie*, elle souligne qu'« il est impératif que les conditions d'emprisonnement évitent d'exacerber l'angoisse résultant déjà de la privation de liberté, tout en préservant également l'estime de soi et le sens de la responsabilité personnelle des détenus. Il conviendrait de réduire au minimum, et dans la mesure du possible, la surpopulation des cellules »[3]. La jurisprudence concordante de ces juridictions régionales exige une action de l'État. Cette obligation n'a pas vocation à faire disparaître toute souffrance, car « la prison et la souffrance forment un couple inévitable »[4]. Mais l'inaction de l'administration ne doit pas être une cause d'amplification de cet état de fait.

97. Aucun motif d'ordre économique, quel qu'il soit, ne peut tenir en échec cette obligation. Dans l'affaire *Poghossian c. Géorgie* du 24 février 2009, la Cour européenne a affirmé que « l'État est tenu, nonobstant les problèmes logistiques et financiers, d'organiser son système pénitentiaire de façon à assurer aux détenus le

---

[1] CEDH, *Hüseyin Yıldırım c. Turquie*, Requête n°2778/02, arrêt du 3 mai 2007, § 73.

[2] CADHP, *Léon Mugesera c. République du Rwanda*, Requête n° 012/2017, arrêt du 27 novembre 2020, § 103.

[3] CADHP, *makungu Misalaba c. République-Unie de Tanzanie*, *op. cit.*, § 171.

[4] MARY Philippe, PAPATHEODOROU Théodore, *op. cit.*, p. 33.

respect de leur dignité humaine »[1]. Dès 2006, le Conseil de l'Europe soulignait à juste titre que « le manque de ressources ne saurait justifier des conditions de détention violant les droits de l'homme »[2]. Il s'agit simplement d'humaniser l'environnement carcéral. Les détenus doivent avoir un espace de détente avec la possibilité de se promener, un nombre suffisant de matelas, un accès libre aux toilettes et une cellule protégeant leur intimité. Cette liste est non exhaustive. Cependant, la Cour européenne a posé trois critères minimums de lutte contre la surpopulation carcérale. Dans l'affaire *Muršić c. Croatie* du 20 octobre 2016, elle a énoncé que « 1) chaque détenu doit disposer d'un couchage individuel dans la cellule, 2) chacun doit bénéficier d'au moins 3 m^2 de superficie, et 3) la surface totale de la cellule doit permettre aux détenus de se déplacer librement entre les meubles »[3]. Elle a ajouté que la méconnaissance de l'un de ces éléments constitue « une forte présomption » que les conditions d'incarcération sont de nature à renchérir la souffrance et porte donc inévitablement atteinte à la dignité humaine.

98. Toutefois, la prise en compte de ces éléments n'est pas toujours suffisante pour garantir la dignité humaine lorsque le système pénitentiaire est complètement défaillant. Dans l'affaire *J.M.B. et autres c. France* du 30 janvier 2020, la France a été condamnée pour indignité des conditions de détention constitutives d'un traitement inhumain et dégradant et du fait de l'absence d'un recours préventif effectif. Dans la même décision, elle remet en

---

[1] CEDH, *Poghossian c. Géorgie*, Requête n°9870/07, arrêt du 24 février 2009, § 48.

[2] Recommandation Rec (2006)2 du Comité des Ministres aux États membres sur les Règles pénitentiaires européennes.

[3] CEDH, *Muršić c. Croatie*, Requête n°7334/13, arrêt du 20 octobre 2016, § 119.

cause « la situation structurellement défaillante »[1] du système pénitentiaire. En outre, l'affaire *Géorgie c. Russie (I)* du 3 juillet 2014, la Cour rappelait que « le caractère inadéquat des conditions de détention constitue un problème structurel récurrent en Fédération de Russie qui résulte d'un dysfonctionnement du système pénitentiaire »[2]. Malgré ces exigences, la surpopulation semble la norme. Dans de nombreuses prisons, les détenus n'ont pas de couchage convenable ni de cellule individuelle d'au moins 3 m² de superficie encore moins d'une surface totale de la cellule leur permettant de se déplacer librement. Les voies de recours contre cette indignité sont quasiment inexistantes. Ce qui conduit à la condamnation régulière de ces États. La surpopulation carcérale est manifestement un fléau qui aggrave la souffrance physique et mentale des personnes incarcérées. Elle va de pair avec la détérioration des conditions sanitaires et hygiéniques.

B. L'insalubrité et le manque d'hygiène

99. L'établissement pénitentiaire n'est pas un lieu paradisiaque et n'a pas vocation à l'être, le détenu n'est pas non plus toujours un saint. Mais l'administration a l'obligation de mettre en œuvre les conditions hygiéniques et sanitaires conformes au respect de la dignité humaine, parce que le droit à la santé est un droit fondamental. Les conditions hygiéniques sont doubles, elles concernent l'environnement carcéral et l'hygiène personnelle ou corporelle du détenu. La première impacte toujours la seconde. Une bonne hygiène doit être garantie à l'intérieur

---

[1] CEDH, *J.M.B. et autres c. France*, Requête n°9671/15 et 31 autres – voir liste en annexe, arrêt du 30 janvier 2020, § 225.

[2] CEDH, *Géorgie c. Russie (I)*, Requête n°13255/07, arrêt du 3 juillet 2014, § 204.

des cellules, ce qui implique que les dortoirs soient propres et couverts de matelas convenables. Les autorités doivent également remédier à l'insuffisance de l'aération et à la propreté des toilettes. La Cour européenne rappelle constamment que « l'accès libre à des toilettes convenables et le maintien de bonnes conditions d'hygiène sont des éléments essentiels d'un environnement humain, et que les détenus doivent jouir d'un accès facile à ce type d'installation, qui doit leur assurer la protection de leur intimité »[1]. L'absence ou l'insuffisance de ces infrastructures est incompatible avec l'obligation positive qui pèse sur la puissance publique d'assurer aux personnes détenues des conditions de détention dignes. Dès lors que l'infrastructure de détention est soumise à un manque d'hygiène, elle porte une atteinte au sens même de la dignité humaine[2]. Elle doit également mettre en place des moyens efficaces de désinfection de la prison afin d'éradiquer la présence d'animaux nuisibles tels que les rats, les poux ou autres parasites dans toute la prison. L'Observatoire international des prisons (OIP) a révélé qu'en France un tiers des établissements pénitentiaires sont insalubres. Le Rapport d'activité 2023 du CGLPL rapporte le témoignage d'un détenu français de 81 ans en ces termes : « ma cellule [est] devenue une fosse septique par le déversement des toilettes par terre d'un mélange fécal et urinaire d'environ un centimètre, sous le lit et sur toute la longueur de la cellule. Je l'ai signalé à divers surveillants, rien n'a été fait »[3]. Cette situation résulte aussi de la vétusté de certains

---

[1] CEDH, *J.M.B. et autres c. France*, Requête n°9671/15 et 31 autres – voir liste en annexe, arrêt du 30 janvier 2020, § 257.

[2] CEDH, *Rahimi c. Grèce*, Requête n°8687/08, arrêt du 5 avril 2011, § 86.

[3] CONTRÔLEURE GÉNÉRALE DES LIEUX DE PRIVATION DE LIBERTÉ, *Rapport d'activité 2023*, [en ligne], [consulté le 28 novembre 2024].

bâtiments qui ont été construits au XIXe siècle[1]. Elle a également l'obligation de fournir des produits corporels indispensables. Dans son Rapport d'activité 2020, la CGLPL s'indignait devant « la situation de précarité menstruelle de certaines femmes détenues et les difficultés particulières rencontrées par ces dernières pour accéder à des produits d'hygiène adaptés à leurs besoins, considérant qu'en l'état, le système de distribution et d'achats desdits produits portait atteinte à la dignité et à l'intégrité physique des détenues »[2].

100. En outre, des mesures sanitaires doivent être également prises par l'administration afin d'éviter les maladies. Il est inacceptable que les conditions hygiéniques de la prison provoquent ou aggravent la maladie de celui-ci. La Cour européenne a mentionné que « les conditions de détention d'une personne malade doivent garantir la protection de sa santé, eu égard aux contingences ordinaires et raisonnables de l'emprisonnement »[3]. C'est pourquoi les autorités doivent être tenues pour responsables de toute souffrance résultant d'une maladie physique ou psychologique naturelle aggravée ou susceptible de l'être par des conditions de détention indignes[4]. Toutefois, cette exigence n'est presque jamais respectée dans la pratique. Dans les deux régions, le manque d'hygiène est très décrié par les organismes des droits de l'homme comme en témoignent les différents Rapports du CGLPL. En Côte

---

[1] Observatoire international des prisons (OIP), « Hygiène et conditions matérielles de détention », *op. cit.*, p. 170-180.

[2] LE CONTROLEUR GENERAL DES LIEUX DE PRIVATION DE LIBERTE, *Rapport d'activité 2020*, p. 135, [en ligne], [consulté le 29 mai 2023].

[3] CEDH, *Ebedin Abi c. Turquie*, Requête n°10839/09, arrêt du 13 mars 2018, § 33.

[4] CEDH, *Gülay Çetin c. Turquie*, Requête n°44084/10, arrêt du 5 mars 2013, § 101.

d'Ivoire, la CNDH relève trois mille quatre cent quatre-vingt-dix-neuf (3 499) cas de maladies liées aux problèmes d'hygiène et de salubrité dans la période du 23 au 27 mai 2022[1]. Alors que l'administration carcérale à l'obligation de protéger la dignité humaine en prison, elle les expose bien souvent à des conditions de détention particulièrement dangereuses pour leur santé physique et psychologique[2]. La Cour africaine affirme également que l'administration est tenue de fournir à tout détenu « la nourriture, de l'eau, une ventilation adéquate, un environnement exempt de maladies et des soins de santé appropriés »[3]. Une telle décision s'inscrit dans le sens de la protection de la dignité humaine du détenu. Toutefois, dans la pratique, ils sont dans le manque d'hygiène permanent, l'État y est presque absent. Pourtant, les gouvernants doivent impérativement mettre en œuvre des conditions d'enfermement qui ne les réduisent pas à un statut égal ou à peine supérieur à celui d'une bête. La cellule peut parfois être incompatible avec la dignité humaine.

§ 2. L'inadaptation des cellules à la situation personnelle du détenu

101. Si les détenus sont théoriquement égaux en droit, ils ne le sont pas toujours en fait, car certains sont parfois plus

---

[1] CNDH, Rapport d'enquête, Impacts de la surpopulation sur les droits de l'homme dans les établissements pénitentiaires de Côte d'Ivoire, du 23 au 27 mai 2022, [en ligne], [consulté le 04 mai 2023].

[2] Observatoire international des prisons (OIP), « Hygiène et conditions matérielles de détention », *op. cit.*, p. 170-180.

[3] CADHP, *Léon Mugesera c. République du Rwanda*, Requête n° 012/2017, arrêt du 27 novembre 2020, § 103.

vulnérables en raison de nombreux facteurs. La vulnérabilité est un concept dont le contenu est large[1] et parfois difficile à appréhender[2]. En l'espèce, elle a trait à la fragilité d'une personne qui est susceptible d'être plus exposée à un danger ou un risque[3]. La vulnérabilité liée à l'âge **(A)**, au handicap ou aux maladies psychiques, oblige l'administration à envisager à l'égard du détenu des conditions particulières de détention conforme à la dignité humaine **(B)**.

A. La vulnérabilité liée à l'âge

102. Toute mesure privative de liberté est de nature à rendre vulnérable le détenu parce qu'il est déjà sous l'autorité de l'administration carcérale. Certains sont plus vulnérables en raison de leur âge. La stricte application des mesures générales, même légales, est susceptible d'augmenter leur souffrance. Ainsi, la protection de la dignité humaine oblige l'administration pénitentiaire à tenir compte de cette réalité factuelle. Dans sa décision *Xiros c. Grèce*, la Cour exige que « l'environnement carcéral soit adapté, si nécessaire, aux besoins spéciaux du détenu afin de lui permettre de purger sa peine dans des conditions qui ne portent pas atteinte à son intégrité »[4]. L'État a l'obligation positive d'harmoniser les conditions de détention aux besoins particuliers des détenus. Elles ne peuvent pas être taxées de discriminatoires dans la mesure

---

[1] HOFFMASTER B., "What Does Vulnerability Mean", *The Hastings Center Report*, March-April 2006, p. 38-45.

[2] RUOF MARY C., "Vulnerability, Vulnerable Populations and Policy", *Kennedy Institue of Ethics Journal*, 2004, p. 411-425.

[3] YORO-DADIE Maryvonne Alice, *op.cit.*, p. 142.

[4] CEDH, *Xiros c. Grèce*, Requête n°1033/07, arrêt du 9 septembre 2010, § 76.

où ils ne se trouvent pas tous dans la même situation. Deux catégories d'individus sont particulièrement visées, il s'agit des mineurs et des personnes âgées. Le phénomène d'incarcération des mineurs est une réalité sur les continents européen et africain. Si dans les États africains il est assez difficile d'avoir des données exactes sur la question, en France, environ trois mille sont écroués par an[1]. Pourtant, la souffrance de la détention du mineur est manifeste[2]. C'est pourquoi des précautions particulières doivent être prises à leur égard afin d'amoindrir la douleur de la détention. Dans l'affaire *Popov c. France* du 19 janvier 2012, la Cour européenne a conclu que « dans le cas d'un mineur isolé maintenu, que les conditions de rétention étaient si déplorables qu'elles portaient atteinte à l'essence même de la dignité humaine »[3]. Lorsqu'un mineur est détenu, l'autorité carcérale doit tenir nécessairement compte de son âge et de sa capacité à subir la peine. Il ne doit pas non plus être incarcéré avec des adultes. La Cour a estimé qu'est manifestement contraire à la dignité humaine, le détenu mineur de quinze ans incarcéré pendant cinq années avec des adultes, sans que l'administration ne lui fournisse les soins nécessaires pour ses problèmes psychologiques, de sorte qu'il ait plusieurs fois tenté de se suicider[4]. L'être humain étant un tout, c'est-à-dire le corps et l'esprit[5], la Cour ne peut tolérer les atteintes à l'intégrité morale du détenu. Il s'agit de protéger le mineur également contre les

[1] BOUTTIER-VERON Sophie, « Réflexions autour de l'incarcération des mineurs : le point de vue d'un juge des enfants », *Nouvelle Revue de l'Enfance et de l'Adolescence*, 2020, p. 197-211.

[2] CHAZOT Rolande, VIOLET Franck, *La souffrance en prison*, L'Harmattan, 2020, p. 87.

[3] CEDH, *Popov c. France*, Requête n°s 39472/07 et 39474/07, arrêt du 19 janvier 2012, § 90.

[4] CEDH, *Güveç c. Turquie*, Requête n°70337/01, arrêt du 20 janvier 2009, § 98.

[5] DEHOULE BEHIBRO Philippe, *op.cit.*, p. 220.

abus et la servitude qui pourraient résulter de sa détention avec un adulte. En raison de son jeune âge, il ne dispose ni de la force physique ni de la maturité mentale nécessaires pour faire face aux pressions inhérentes à la détention aux côtés de personnes majeures. Cette position de la Cour est conforme aux normes internationales sur la question. Dans sa Résolution 45/113 du 14 décembre 1990[1], l'AGNU déclare en son point 1 que « la justice pour mineurs devrait protéger les droits et la sécurité et promouvoir le bien-être physique et moral des mineurs. L'incarcération devrait être une mesure de dernier recours ». Dans son point 12, elle ajoute que « la privation de liberté doit avoir lieu dans des conditions et des circonstances garantissant le respect des droits de l'homme des mineurs ». Dans la Convention internationale des Droits de l'Enfant (CIDE) du 20 novembre 1989, les États se sont engagés à ce que « nul enfant ne soit privé de liberté de façon illégale ou arbitraire (...) tout enfant privé de liberté soit traité avec humanité et avec le respect dû à la dignité de la personne humaine, et d'une manière tenant compte des besoins des personnes de son âge ». Par conséquent, la protection des droits fondamentaux des mineurs vise, dans l'ensemble, à assurer leur bien-être. Le recours à la force ou tout autre traitement inhumain à leur égard est proscrit. La détention ne doit être envisagée que lorsqu'elle paraît l'ultime recours pour éviter une situation plus alarmante.

103. En outre, de nombreuses personnes âgées se trouvent en situation de perte d'autonomie dans les prisons sur les deux continents. En France, le nombre de personnes détenues âgées de plus de 60 ans a été multiplié par huit

---

[1] Assemblée générale des Nations unies, « Règles des Nations Unies pour la protection des mineurs privés de liberté, Adoptées par l'Assemblée générale dans sa résolution 45/113 du 14 décembre 1990 », *Journal du droit des jeunes*, 2005, p. 48-52.

entre 1980 et 2020 et représente désormais 4% de l'ensemble de la population carcérale[1]. La perte d'autonomie peut être définie comme la difficulté pour une personne à accomplir certaines tâches de la vie quotidienne et dont la réalisation nécessite l'aide d'autrui[2]. Elle est parfois le produit de l'âge et de l'inadaptation de l'environnement carcéral. Il appartient à l'administration carcérale de prendre en compte la vulnérabilité de ces personnes en âge avancé. Paradoxalement, les prisons ne sont pas véritablement appropriées à l'accueil de ces personnes. Rarement autonomes, ils dépendent au quotidien de l'assistance de leur codétenu. Or, la Cour européenne rappelle constamment que « l'assistance d'un codétenu, même volontaire, ne signifie pas que les besoins spéciaux du requérant sont satisfaits »[3]. Les agents pénitentiaires ne peuvent donc pas se soustraire de leur obligation conventionnelle au profit des codétenus. Cette situation constitue une violation flagrante de la dignité humaine, car elle engendre une angoisse permanente, surtout lorsqu'elle touche l'intimité de la personne incarcérée. Dans les Règles Nelson Mandela de 2015[4], les Nations Unies déclarent que « tous les détenus sont traités avec le respect dû à la dignité et à la valeur inhérentes à la personne humaine » (Règle 1). Elles ajoutent que « les administrations pénitentiaires doivent apporter tous les aménagements et les ajustements raisonnables pour faire en sorte que les détenus souffrant d'une incapacité physique,

[1] Observatoire international des prisons (OIP), « Handicap, âge et dépendance », *op.cit.*, p. 448-458.

[2] TOURAUT Caroline, « Corps vieillissants en prison : expérience des personnes détenues « âgées » », *Gérontologie et société*, 2015, p. 111-122.

[3] CEDH, *Helhal c. France*, Requête n°10401/12, arrêt du 19 février 2015, § 62.

[4] Ensemble de règles minima des Nations Unies pour le traitement des détenus (Règles Nelson Mandela) [en ligne], [consulté le 09 mai 2023].

mentale ou autre aient un accès entier et effectif à la vie carcérale de façon équitable » (Règle 5 alinéa 2). La Cour africaine estime également que l'âge est un facteur déterminant dans la protection de la dignité humaine[1]. La puissance publique a donc l'obligation positive de prendre à l'égard des détenus âgés des mesures particulières afin de garantir infailliblement leur dignité. Pourtant, l'inadaptation de l'infrastructure carcérale est manifeste dans les deux systèmes. Les exigences des Cours ne sont pas toujours prises en compte parfois en raison de l'absence de travaux de réhabilitation des centres de détention. Si la garantie de la dignité du détenu évolue, l'infrastructure perdure. Seuls les nouveaux établissements pénitentiaires construits ces dernières années tiennent compte de la particularité de certains détenus afin de protéger leur dignité[2]. Cependant, certains experts font remarquer que la taille de ces structures et le compartimentage instauré pour des raisons sécuritaires sont un obstacle au maintien des contacts entre détenus ainsi qu'avec l'administration d'autant plus que « la parole s'appauvrit un peu plus encore et le corps devient le seul langage propre au détenu »[3]. La perte d'autonomie et la vulnérabilité ne sont pas nécessairement liées à l'âge.

[1] CADHP, *Léon Mugesera c. République du Rwanda*, Requête n° 012/2017, arrêt du 27 novembre 2020, § 90.

[2] Observatoire international des prisons (OIP), « Handicap, âge et dépendance », op.cit., p. 448-458.

[3] DELARUE Jean-Marie, « Prisons et relations carcérales », *Études*, 2010, p. 609-630.

B. La vulnérabilité liée au handicap ou aux maladies psychiques

104. Certains détenus se trouvent dans une situation particulière du fait du handicap ou de l'état de santé. S'il existe des hôpitaux psychiatriques, aucun établissement spécifique n'a été jusque-là conçu spécifiquement pour les personnes handicapées, ce qui fait qu'elles sont détenues dans des conditions ordinaires souvent inadaptées. Tout de même, certains peuvent demander au chef de l'établissement l'aménagement d'une cellule plus adaptée. Dans le contexte africain, certains établissements pénitentiaires n'ont pas encore intégré des dispositions spécifiques en ce sens. Contrairement à la jurisprudence de la Cour africaine, la Cour européenne a eu plusieurs fois l'opportunité de clarifier sa position sur la question. Dans l'affaire *Helhal c. France*, la Cour souligne :

> « Compte tenu de son grave handicap [du détenu], et du fait qu'il souffre d'incontinence urinaire et anale, la période de détention qu'il a vécue sans pouvoir bénéficier d'aucun traitement de rééducation, et dans un établissement où il ne peut prendre des douches que grâce à l'aide d'un codétenu, sont des circonstances qui l'ont soumis à une épreuve d'une intensité qui a dépassé le niveau inévitable de souffrances inhérentes à une privation de liberté »[1].

Dans l'affaire *Price c. Royaume-Uni* du 10 juillet 2001, elle conclut que « la détention d'une personne gravement handicapée dans des conditions où elle souffre dangereusement du froid, risque d'avoir des lésions cutanées en raison de la dureté ou de l'inaccessibilité de son lit, et ne peut que très difficilement aller aux toilettes ou se laver, constitue un traitement dégradant contraire à l'article

[1] CEDH, *Helhal c. France*, Requête n°10401/12, arrêt du 19 février 2015, § 63.

3 de la Convention »[1]. Ces décisions s'inscrivent dans la jurisprudence établie de la Cour sur l'obligation de prise en compte du handicap du détenu. La détention de tout individu invalide nécessite, au préalable, que les autorités s'assurent de la capacité de l'établissement pénitentiaire à répondre aux besoins spécifiques de son infirmité. L'administration doit agir avec promptitude afin de le rétablir dans son droit, car « le manque de diligence des autorités rend la personne encore plus vulnérable et la place dans l'impossibilité de conserver sa dignité »[2]. Il est donc contraire à la dignité humaine l'incapacité du détenu à franchir pendant quatre mois sans assistance la porte de la prison et de sa cellule dans son fauteuil roulant du fait de l'étroitesse des embrasures[3]. Une telle circonstance est humiliante et est de nature à amplifier l'angoisse et la souffrance du détenu, d'autant plus qu'il se trouve involontairement à la merci d'autres personnes.

105. L'environnement carcéral doit également être adapté aux besoins spéciaux de certains malades en raison de leur perte d'autonomie. Le détenu malade mental doit en principe être transféré vers un établissement qui prend en compte son état de santé, de sorte que les conditions de détention ne le soumettent pas à une souffrance intense, car le respect de la dignité humaine impose à l'État l'obligation d'organiser son système en tenant compte des malades mentaux[4]. La Cour est plus exigeante sur cette problématique. Elle est susceptible de reconnaître la

---

[1] CEDH, *Price c. Royaume-Uni*, Requête n°33394/96, arrêt du 10 juillet 2001, § 30.
[2] CEDH, *Dorneanu c. Roumanie*, Requête n°55089/13, arrêt du 28 novembre 2017, § 99.
[3] CEDH, *Vincent c. France*, Requête n°6253/03, arrêt du 24 octobre 2006, § 103.
[4] CEDH, *Renolde c. France*, Requête n°5608/05, arrêt du 16 octobre 2008, § 120.

culpabilité de l'État pour violation de la dignité humaine même lorsque le détenu malade n'est pas en mesure d'indiquer clairement les effets néfastes des conditions de détention sur sa personne[1]. Toute mesure de protection de ces personnes doit « refléter autant que possible les souhaits des personnes capables d'exprimer leur volonté. Le manquement à solliciter l'avis de l'intéressé peut donner lieu à des situations d'abus et entraver l'exercice des droits des personnes vulnérables »[2]. L'administration n'est pas fondée à agir unilatéralement sans les consulter au préalable, car seules les personnes en perte d'autonomie sont véritablement légitimes pour juger les conditions les plus adéquates à leurs maux. Si l'autorité décidait de passer outre leur consentement en mettant en œuvre un ensemble d'infrastructures, équipements ou services, ils pourraient éventuellement être inappropriés. La dignité humaine serait remise en cause, car une telle attitude est infantilisante, humiliante et angoissante. Toutefois, elle peut se passer de toute consultation préalable de l'intéressé lorsqu'il est dans l'incapacité d'exprimer un consentement libre et éclairé. Dans ces circonstances, un examen rigoureux[3] est indispensable. La puissance publique pourra consulter un expert dans ce sens. En Afrique, la jurisprudence de la Cour est constante sur la nécessité de protéger la santé des détenus au nom du respect de la dignité humaine. Une interprétation intelligible de ces décisions peut déboucher sur la protection des malades mentaux. L'obligation positive qui pèse donc sur l'État l'oblige à prendre en compte la vulnérabilité et la perte d'autonomie des personnes handicapées et des malades mentaux afin de minimiser le plus possible la souffrance découlant de la

[1] *Ibid.*, § 121.

[2] CEDH, *N. c. Roumanie*, Requête n°59152/08, arrêt du 28 novembre 2017, § 146.

[3] *Ibid.*

détention. Les mesures prises par les autorités doivent permettre au détenu de mener une vie digne d'une société démocratique et d'un État de droit. Cependant, malgré ces exigences, de nombreuses cellules demeurent inadaptées à la situation particulière de ces détenus et sont donc contraires à la protection de leur dignité.

Section 2 - Les défaillances fonctionnelles des conditions de détention

106. Au-delà des conditions matérielles de détention, le facteur humain peut être, dans certaines circonstances, la source de l'indignité. Les manquements de l'administration pénitentiaire **(§ 1)** et les carences des structures de contrôle **(§ 2)** constituent les défaillances fonctionnelles des conditions de détention dans la mise en œuvre de la protection de la dignité humaine du détenu.

§ 1. Les manquements de l'administration carcérale

107. Certains agents de police s'adonnent à des actes de violence de nature à porter atteinte à la dignité humaine pendant les arrestations, interrogatoires et garde à vue **(A)**. Ce manque de professionnalisme est également observable chez certains agents de l'administration pénitentiaire **(B)**.

A. La violence policière

108. « Lorsqu'un individu est privé de sa liberté ou, plus généralement, se trouve confronté à des agents des forces de l'ordre, l'utilisation à son égard de la force physique alors qu'elle n'est pas rendue strictement nécessaire par son comportement porte atteinte à la dignité humaine »[1]. Les agents de police doivent toujours rechercher l'équilibre dans l'usage de la force, car « les exigences de dignité, de respect des droits d'autrui et de conciliation avec les nécessités d'ordre public, définissent dans tous les États de droit, l'étendue et les limites de ces droits et libertés, de manière souvent convergente »[2]. C'est dans cette optique que la Cour a estimé que le fait pour un agent de police d'asséner une gifle à un détenu sous son autorité est incompatible avec l'article 3 de la convention et s'analysait comme un acte de torture. Un tel acte constitue un traitement injustifié, d'autant plus qu'en pareille situation, l'usage de la force physique n'est plus strictement nécessaire[3]. Dans certains États comme l'Allemagne ou la France, la question de la protection de la dignité humaine ne saurait en principe se poser durant les opérations de police. L'article 1er de la Loi fondamentale allemande de 1949 dispose que « la dignité de l'être humain est intangible. Tous les pouvoirs publics ont l'obligation de la respecter et de la protéger ». La police ne saurait se soustraire à cette obligation constitutionnelle. En France, depuis l'arrêt *Commune de Morsang-sur-Orge* du 27 octobre 1995, le Conseil d'État se fondant en partie sur la

---

[1] CEDH, *Bouyid c. Belgique*, Requête n°23380/09, arrêt du 28 septembre 2015, § 88.

[2] FAVOREU Louis ; GAÏA Patrick ; PENA Annabelle ; ROUX André ; SOFFONI Guy ; DUFFY Aurélie ; FASSASSI Idris ; LE BOT Olivier ; PECH Laurent, *op.cit.*, p. 3.

[3] *Ibid.*, § 111.

Conv.EDH a conclu que « la dignité de la personne humaine est une des composantes de l'ordre public »[1]. Le maintien d'ordre va donc de pair avec le respect de la dignité humaine.

109. À l'instar de ces deux États, le respect de la dignité humaine transcende tous les ordres juridiques européens. C'est dans cette optique que Béatrice Maurer affirme qu'il est « un principe de droits publics internes européens »[2]. Les ordres juridiques de nombreux États africains sont en partie inspirés du modèle occidental, de sorte qu'ils sont imbibés dudit principe. L'interdiction de l'usage de la force illégitime et disproportionnée est un principe du droit international des droits de l'homme. L'article 10 du PIDCP stipule que « toute personne privée de sa liberté est traitée avec humanité et avec le respect de la dignité inhérente à la personne humaine (...) Le régime pénitentiaire comporte un traitement des condamnés dont le but essentiel est leur amendement et leur reclassement social ». Il en résulte une interdiction de l'usage de la force à l'égard des personnes incarcérées. Toute action de la police doit logiquement se conformer au respect de la dignité humaine. Cependant, il est difficile aujourd'hui de parler de la police sans évoquer la violence[3]. C'est pourquoi dans l'arrêt *Bouyid c. Belgique*, la Cour européenne met en garde les forces de l'ordre sur l'utilisation disproportionnée de la force. La simple référence à la dignité humaine « ne conduit plus à mesurer le degré de violence déployé déterminé à l'aune de ses effets

---

[1] LONG Marceau ; WEIL Prosper ; BRAIBANT Guy ; DELVOLVE Pierre ; GENEVOIS Bruno, *Les grands arrêts de la jurisprudence administrative*, Dalloz, 2019, p. 646.
[2] MAURER Béatrice, *op. cit.*, p. 114.
[3] MOREAU DE BELLAING Cédric, « Violences illégitimes et publicité de l'action policière », *Politix*, 2009, p. 119-141.

mais à s'interroger sur le bien-fondé de la violence déployée »[1].

110. La montée en puissance de la violence à l'égard des individus est devenue inquiétante ces dernières années même dans les grandes démocraties occidentales à l'image de la France. Dans un rapport en date du 15 juin 2023, des experts de l'ONU exprimaient leur inquiétude face à l'usage excessif de la force par la police en ces termes : « le manque de retenue dans l'usage de la force (...) serait non seulement anti-démocratique, mais profondément inquiétant pour l'État de droit »[2]. Ces faits contribuent à installer un sentiment de peur et d'angoisse dans la société. Pourtant, depuis la Recommandation Rec (2001)10, le Conseil de l'Europe a reconnu que « la confiance de la population dans la police est étroitement liée à l'attitude et au comportement de cette dernière vis-à-vis de cette même population, et en particulier au respect de la dignité humaine et des libertés et droits fondamentaux de la personne ». Cette recommandation ne semble pas avoir été objectivement prise en compte par les États. Plusieurs citoyens affirment avoir été victimes de traitement cruel et inhumain dans les locaux de la police. Si elle fait preuve de retenue à l'extérieur pour ne pas subir la vindicte populaire, il semblerait qu'à l'intérieur, elle se montre plus agressive[3]. C'est pourquoi des voix s'élèvent pour un désarmement de la police ou du moins desserrer l'étau afin d'éviter toute violence. Des techniques d'interrogatoires peuvent être contraires au respect de la dignité humaine du détenu. En

---

[1] WACHSMANN Patrick, « « Dans le leurre du seuil », *op.cit.*, p. 203-225.

[2] Rapport de l'ONU, « La France doit respecter et promouvoir le droit de réunion pacifique », 15 juin 2023 [en ligne], [consulté le 23 juin 2023].

[3] Association Vacarme « Violences policières, les situer pour mieux y résister », *Vacarme*, 2016, p. 8-23.

effet, dans l'affaire *Irlande c. Royaume-Uni*, cinq techniques particulières d'interrogatoire dit « poussé » effectuées avec préméditation par une douzaine d'individus durant plusieurs jours, constituent un traitement inhumain incompatible avec la dignité des personnes incarcérées parce qu'elles ont suscité chez elles « des troubles psychiques aigus en cours d'interrogatoire »[1]. Toute utilisation de la garde à vue à des fins étrangères à sa finalité légitime, à savoir la préservation des intérêts de l'enquête judiciaire est susceptible de constituer un détournement de procédure pouvant revêtir le caractère d'un traitement inhumain, en méconnaissance du principe fondamental de respect de la dignité humaine. La crainte permanente de subir des tortures constitue également un comportement contraire à la dignité humaine[2]. La Cour européenne est formelle sur le fait que la mission de la police ne peut en aucun cas être d'infliger des maux superflus au détenu dès lors qu'il est inoffensif et sous contrôle. Toute action doit être proportionnelle et compatible avec le respect de la dignité humaine. La Cour africaine adopte une approche conforme à cette tendance jurisprudentielle. Les agents de police ne sont pas en droit d'infliger des maux inutiles au détenu dans le cadre de leur mission de service public. Dans son arrêt *Sébastein Germain Ajavon c. République du Bénin* du 29 mars 2019, le requérant alléguait la violation de sa dignité humaine au motif qu'il a fait l'objet d'une arrestation musclée, brutale et sans convocation préalable. Elle a accueilli favorablement sa requête avant d'affirmer que les conditions de son arrestation et de sa garde à vue n'étaient pas contraires à la dignité humaine et que le requérant

---

[1] CEDH, *Irlande c. Royaume-Uni*, Requête n°5310/71, arrêt du 18 janvier 1978, § 167.

[2] CEDH, *Aksoy c. Turquie*, Requête n°21987/93, arrêt du 18 décembre 1996, § 56.

n'avait pas fourni la preuve des allégations[1]. En outre, lors du premier examen de la Côte d'Ivoire au Comité contre la torture du 17 juillet 2024, M. Abderrazak Rouwane, corapporteur a déclaré que le Comité « est informé que des aveux obtenus sous la torture auraient été utilisées contre six personnes contraintes de signer un document, sans pouvoir le lire, après avoir été victimes d'actes de torture au moyen de câbles électriques, pistolets paralysants et machettes dans les locaux de la Direction de la surveillance du territoire (DST) »[2]. Les manquements imputables aux forces de police à l'égard des personnes privées de liberté persistent au sein des États. Toutefois, leur démonstration demeure souvent ardue pour les détenus, en particulier lorsqu'il s'agit d'actes de torture psychologique, tels que les injures ou propos humiliants.

B. La violence pénitentiaire

111. L'évocation de la violence en milieu carcéral peut paraître banale, classique en raison de la dangerosité des individus qui s'y trouvent. En raison de la singularité de leur fonction, les agents de l'administration pénitentiaire sont également la cible de plusieurs actes d'agressions. Ces violences dont ils sont l'objet contribuent à la fragilisation

---

[1] CADHP, *Sébastein Germain Ajavon c. République du Bénin,* Requête n°013/2017, arrêt au fond, 29 mars 2019, § 238-246.

[2] Nations Unies, Premier examen de la Côte d'Ivoire au Comité contre la torture : des experts évoquent les conditions de détention dans les prisons ivoiriennes et des allégations d'acte de torture et mauvais traitement commis par les forces de police et de sécurité du 17 juillet 2024 [en ligne], [consulté le 03 août 2024].

de leur mental[1] et de leur capacité à exercer convenablement leur travail. Face à cette situation, ils sont parfois obligés de riposter, non pas seulement pour se défendre, mais pour rétablir l'ordre sans que cela débouche sur la frénésie. La violence pénitentiaire doit s'appréhender au sens *lato sensu*, comme tout acte ou comportement brutal des agents pénitentiaires à l'égard des personnes détenues ayant pour effet d'aggraver leur souffrance physique et mentale. La protection de la dignité humaine implique que le recours à la force physique soit strictement nécessaire afin de faire respecter la réglementation de la prison. Toute personne tenue de l'application de la loi doit impérativement éviter l'usage de la force sauf si cela est strictement utile au maintien de la sécurité ou de l'ordre au sein de l'institution pénitentiaire. Aucune excuse ou exception n'est admise au recours illégal à la force, car « le niveau d'exigence croissant en matière de protection des droits de l'homme et des libertés fondamentales implique une plus grande fermeté dans l'appréciation des atteintes aux valeurs fondamentales des sociétés démocratiques »[2]. Il est donc de jurisprudence constante que tout usage disproportionné et illégal de la force est prohibé. Dans l'affaire *Nasr et Ghali c. Italie*, la Cour européenne a affirmé que « nul ne doit être traité d'une manière impliquant une perte de dignité »[3]. Les situations de violence sont toujours dégradantes pour la nature humaine, c'est ainsi qu'il est nécessaire de toujours rechercher l'équilibre. La situation n'est pas meilleure en Afrique où la prison rime avec le rebut de détenu depuis son origine. En

---

[1] DENANS Julien, LEON Julien, « Violence en prison : une perspective clinique auprès des surveillants pénitentiaires », *Bulletin de psychologie*, 2016, p. 331-343.

[2] CEDH, *Dorneanu c. Roumanie*, Requête n°55089/13, arrêt du 28 novembre 2017, § 99.

[3] CEDH, *Nasr et Ghali c. Italie*, Requête n°44883/09, arrêt du 23 février 2016, § 308.

effet, l'histoire de la prison en Afrique va de pair avec les multiples violations des droits de l'homme. Depuis l'époque coloniale, les établissements pénitentiaires ont toujours été « le lieu où s'articule l'accomplissement pour le pouvoir des actes de violence » à l'encontre de la population carcérale[1]. Le pouvoir politique, par le biais de ses agents, continue d'instrumentaliser la prison à des fins autres que l'exécution de la peine. À l'instar de la Cour européenne, la Cour africaine a eu l'opportunité de trancher une telle affaire. Dans l'arrêt *Léon Mugesera c. République du Rwanda*, elle semble aller plus loin en affirmant que « la dignité de la personne humaine est incompatible avec les menaces de mort à l'endroit des détenus de la part des agents pénitentiaires »[2]. Cette décision de la Cour est très pertinente en ce sens qu'elle reconnaît l'existence des violences psychologiques. Le fait pour le détenu de croire en ces menaces constitue une violence imminente, illégale et strictement non nécessaire pour maintenir l'ordre ou la sécurité à l'intérieur de la prison. En interdisant les menaces, elle envoie un signal fort aux agents pénitentiaires : aucune forme de brutalité, même d'intensité minimale, ne saurait être tolérée de leur part.

112. Il s'agit également d'un rappel à une application rigoureuse des principes déontologiques, lesquels imposent aux agents pénitentiaires de faire preuve d'exemplarité dans l'exercice de leurs fonctions. Lorsque l'agent agit illégalement envers les détenus en recourant entre autres aux injures comme c'est le cas dans certaines prisons

---

[1] KONATE Dior « Sénégal : l'emprisonnement des femmes, de l'époque coloniale à nos jours », *Revue française d'histoire d'outre-mer*, Pour une histoire du contrôle social dans les mondes coloniaux : justice, prisons, et enfermement de l'espace, 1999, p. 79-98.

[2] CADHP, *Léon Mugesera c. République du Rwanda*, Requête n° 012/2017, arrêt du 27 novembre 2020, § 90.

notamment en Afrique[1], cela débouche inévitablement sur des réactions spontanées individuelles ou collectives de certains, ce qui contribue ainsi à la généralisation de la violence en prison. Cette attitude vise à dégrader amplement l'image de la prison, surtout en Afrique où elle est regardée comme une forme d'exclusion sociale. Pourtant, le professionnalisme et l'exemplarité de l'agent influencent positivement l'attitude des détenus à son égard. C'est pourquoi, ils doivent aussi s'abstenir « d'user à leur égard soit de dénomination injurieuse, soit de tutoiement, soit de langage grossier ou familier (...) d'occuper sans autorisation les détenus pour leur service particulier »[2]. Le respect de l'ensemble de ces mesures vise à favoriser la paix en milieu carcéral. Il ne s'agit pas de minimiser ou de saboter l'ampleur de leur tâche. Certes, les États rencontrent de nombreuses difficultés dans le maintien de l'ordre public et de la discipline dans les établissements pénitentiaires du fait de la désobéissance de certains détenus, ce qui dégénère généralement en violence. Toutefois, cet impératif ne doit pas conduire les autorités pénitentiaires à méconnaître constamment la dignité des personnes incarcérées. Ils doivent toujours faire preuve de prudence dans le traitement des détenus. Dans l'affaire *Shlykov et autres c. Russie* du 19 janvier 2021 sur le menottage régulier et systématique des détenus condamnés à perpétuité par les autorités pénitentiaires, la Cour a conclu que le respect de l'article 3 de la Convention implique que le détenu ne soit pas systématiquement menotté, car « son apparence et la relation avec les autres peut être importante pour sa propre

---

[1] DRICI Nordine, « Témoignage d'une ancienne condamnée à mort en Mauritanie », in AILINCAI Anca, PIVETEAU Charlotte, DRICI Nordine, *op. cit.*, p. 23.
[2] CERE Jean-Paul, *op. cit.*, p. 25.

estime de soi »[1]. Par conséquent, toute mesure qui l'humilie est de nature à porter atteinte à sa dignité, surtout lorsqu'elle perdure. La protection de la dignité humaine des personnes incarcérées impose donc à la puissance publique d'effectuer sa mission dans le respect strict de l'interdiction du recours à la force illégitime. Toutefois, des efforts considérables doivent être déployés afin que cesse cette violence.

§ 2. Les carences du contrôle des centres de détention

113. Il existe, au niveau national et supranational, des mécanismes non juridictionnels de supervision et de contrôle des centres de détention afin de s'assurer du respect des exigences conventionnelles, car le détenu demeure un « citoyen du droit »[2]. C'est ainsi qu'il est « maintenant largement admis qu'une des meilleures garanties contre la torture et les mauvais traitements sont de rendre les lieux de détention aussi transparents que possible. Quelle meilleure façon de le faire que de permettre des visites de prison ? »[3]. Cependant, l'indignité incessante des établissements pénitentiaires malgré ces visites est l'une des preuves palpables des carences du contrôle interne **(A)** et international **(B)**.

---

[1] CEDH, *Shlykov et autres c. Russie*, Requête n°78638/11 et 3 autres – voir liste en annexe, arrêt du 19 janvier 2021, § 80.

[2] SNACKEN Sonja, « Les structures européennes de contrôle des administrations pénitentiaires. Le rôle et l'impact du Conseil de l'Europe et du Comité de Prévention de la Torture », *Déviance et Société*, 2014, p. 405-423.

[3] VALES Herman, DIPLA Haritini, ATOKI C. Dupe, GOLDBERG Pamela, and PARKER Alison, "Panel 2 : Protecting Vulnerable Groupe through Detention Visits", *Human Rights Brief*, 2011, p. 16-28. In YORO-DADIE Maryvonne Alice, op.cit., p. 372.

A. Le contrôle interne

114. Les exigences de l'État de droit obligent chaque État membre à la mise en œuvre de mécanismes de contrôle et de supervision des lieux de privation de liberté afin de « contrôler la légalité des lieux de détention »[1]. De nombreux agents administratifs sont chargés de veiller à l'application effective des règles nationales et supranationales conformes à la protection de la dignité humaine du détenu au sein des établissements pénitentiaires[2]. On distingue traditionnellement deux grandes catégories d'inspections ; celle exercée directement par les propres services de l'administration pénitentiaire et celle confiée à des organes extérieurs impartiaux et surtout indépendants de l'État[3]. Si la seconde est efficace, c'est bien souvent le contraire de la première du fait de la subordination des contrôleurs à la puissance publique. Dans la majorité des États, les inspecteurs sont des fonctionnaires. Ils sont donc soumis au droit de réserve et à un ensemble de restrictions statutaires ne leur permettant pas d'être neutres dans leur mission. Par conséquent, l'administration a généralement la mainmise sur leurs rapports et lorsqu'elle est de mauvaise foi, comme c'est d'ailleurs très souvent le cas, elle ne communique que ce qu'elle souhaite afin d'éviter toutes pressions, quelle qu'elle soit. Pourtant, l'article 17 du Protocole facultatif se rapportant à la Convention contre la torture et autres peines ou traitements cruels, inhumains ou dégradants (OPCAT) du 18 décembre 2002 stipule que « chaque État Partie administre, désigne ou met en place au plus tard un an après l'entrée en vigueur ou la ratification du présent Protocole,

---

[1] LESSENE Ghislain Patrick, *op. cit.*, p. 104.

[2] BUISSON Jacques, « Le contrôle des établissements pénitentiaires », *Revue française d'administration publique*, 2001, p. 479-490.

[3] *Ibid.*

ou son adhésion audit Protocole, un ou plusieurs mécanismes nationaux de prévention indépendants en vue de prévenir la torture à l'échelon national ». Ce protocole établit la nécessité de créer des organismes indépendants de contrôle des centres de détention. À l'instar de nombreux États européens, La France l'a signé en 2005 et ratifié en 2008 notamment en raison de l'échec de son mécanisme de contrôle[1]. Toutefois, dès la loi du 30 octobre 2007, elle avait déjà instauré un Contrôleur général des lieux de privation de liberté (CGLPL)[2]. C'est une autorité administrative indépendante ayant, pour fonction principale, la supervision de l'ensemble des lieux de privation de liberté. Il présente un rapport annuel au président de la République, au gouvernement, au Parlement et au public suivi d'avis et recommandations pour « le respect de la dignité et des droits fondamentaux des personnes privées de liberté »[3]. Selon le Conseil d'État, la création d'une telle autorité répond à trois raisons essentielles : « offrir à l'opinion une garantie renforcée d'impartialité des interventions de l'État ; permettre une participation élargie de personnes d'origines et de compétences diverses, et notamment de professionnels, à la régulation d'un domaine d'activité ou au traitement d'un problème sensible ; assurer l'efficacité de l'intervention de l'État en termes de rapidité, d'adaptation à l'évolution des besoins et des marchés et de continuité dans l'action »[4]. Cette exigence n'est pas effective dans certains États parties à la Convention européenne. Si l'Andorre n'a

---

[1] LECERF Jean-René, *op. cit.*, p. 121-134.

[2] Loi n° 2007-1545 du 30 octobre 2007 instituant un Contrôleur général des lieux de privation de liberté, *Journal officiel de la République française*, 31 octobre 2007.

[3] Le Contrôleur général des lieux de privation de liberté - *Rapport 2020* [en ligne], [consulté le 25 mars 2023].

[4] Conseil d'État, « Réflexions sur les autorités administratives indépendantes », *Rapport public pour 2001, Études et documents*, mars 2001, p. 251 et s.

ni signé ni ratifié ce protocole, la Belgique, l'Irlande et la Slovaquie l'ont signé sans ratification[1]. C'est sans doute dans cette perspective qu'on observe en Belgique :

> « Une faiblesse du contrôle national exercé notamment par les juridictions administratives et judiciaires. Cette faible activité de contrôle est liée à la fois à ce que le Conseil d'État refuse en partie de contrôler ce type de contentieux et à la répartition des compétences entre juridictions de l'ordre administratif et de l'ordre judiciaire. La pauvreté du contrôle est encore renforcée par le défaut de ratification par la Belgique du Protocole facultatif à la Convention des Nations Unies pour la prévention de la torture et des traitements inhumains et dégradants (OPCAT), ce qui se traduit par l'absence d'indépendance des commissions de surveillance et du conseil central de surveillance qui constituent les organismes nationaux de contrôle »[2].

Certes, une réforme a été instaurée par la loi pot-pourri IV et la loi du 11 juillet 2018 pour rattacher le Conseil Central de Surveillance Pénitentiaire (CCSP) au pouvoir législatif et non plus au pouvoir exécutif comme c'était depuis l'arrêté royal du 4 avril 2003 modifiant l'arrêté royal de 1965, mais, tout en saluant quelques avancées positives, la Ligue des droits humains de Belgique affirme qu'elle n'a pas apporté les réponses escomptées quant aux nombreux dysfonctionnements des centres de détention[3].

---

[1] Bureau du haut-commissaire des Droits de l'homme des Nations unies, Tableau de bord interactif de l'état de la ratification, [en ligne], dernière mise à jour le 21 février 2023, [consulté le 10 mai 2024].

[2] CLIQUENNOIS Gaëtan, CARTUYVELS Yves, CHAMPETIER Brice, « Le contrôle judiciaire européen de la prison : les droits de l'homme au fondement d'un panoptisme inversé ? », *Déviance et Société*, 2014, p. 491-519.

[3] Ligue des droits humains de Belgique, La réforme du Conseil central de surveillance pénitentiaire et des commissions de surveillance des prisons : entre attentes déçues et raisons d'espérer ?, [en ligne], [consulté le 10 mai 2024].

115. En raison de la présence des agents pénitentiaires, les commissaires se trouvent dans l'incapacité d'échanger en toute confidentialité avec les détenus qui pourraient pourtant dénoncer l'indignité des conditions d'incarcération[1]. Les commissions dépendent du directeur de chaque établissement pénitentiaire et leurs recommandations sont dépourvues de tout effet contraignant[2]. La situation est plus alarmante en Afrique. Si le Bénin, le Burkina Faso, le Burundi, le Cap-Vert, la République centrafricaine, la République Démocratique du Congo, le Gabon, le Ghana, le Libéria, Madagascar, le Mali, la Mauritanie, Maurice, le Maroc, le Mozambique, le Niger, le Nigeria, le Rwanda, le Sénégal, l'Afrique du Sud, le Soudan du sud et la Tunisie ont ratifié ce texte, l'Angola, le Cameroun, le Tchad, le Congo, la Guinée, la Guinée-Bissau, le Sierra Leone et la Zambie se sont juste contentés d'une simple signature[3]. Quant à l'Algérie, la Côte d'Ivoire et la vingtaine d'États restants, ils ne l'ont ni signée ni ratifié[4]. Qu'ils soient signataires ou non de ce protocole, il n'existe quasiment pas dans la pratique surtout en Afrique francophone d'organisme de contrôle des prisons véritablement indépendant de l'administration. Le plus grand nombre d'États est confronté à l'insuffisance des superviseurs en raison de l'inflation de la population pénitentiaire. Dans ces circonstances, « l'inspection des services pénitentiaires, aux effectifs restreints, ne peut mener qu'un nombre limité de contrôles »[5]. Ce faible nombre de personnels entraîne l'irrégularité des visites dans les centres de détention des États notamment africains[6].

---

[1] *Ibid.*

[2] *Ibid.*

[3] Bureau du haut-commissaire des Droits de l'homme des Nations unies, Tableau de bord interactif de l'état de la ratification, *op.cit.*

[4] *Ibid.*

[5] LECERF Jean-René, *op. cit.*, p. 121-134.

[6] LESSENE Ghislain Patrick, *op. cit.*, p. 106.

Certains États comme la France[1] ou la Belgique ont instauré un contrôle parlementaire des prisons. Ce mode de contrôle est inefficace dans la mesure où les parlementaires ne peuvent effectuer de visite inopinée. Toute observation, enquête ou étude dans l'enceinte de l'infrastructure carcérale requiert l'autorisation préalable du ministère de la Justice, « ce qui permet à l'administration de prévenir les établissements pénitentiaires de la visite prévue »[2]. Ce type de contrôle n'est pas valorisé aujourd'hui dans les États africains.

B. Le contrôle international

116. Au niveau régional, européen et africain, il existe également des mécanismes non juridictionnels de contrôle de l'univers carcéral qui méritent d'être repensés. En effet, le Comité européen pour la prévention de la torture et des peines ou traitements inhumains ou dégradants (CPT) est un organe statutaire du Conseil de l'Europe institué par la ConvEDH le 26 juin 1987[3].

> « 1. Le Comité se compose d'un nombre de membres égal à celui des Parties.
>
> 2. Les membres du Comité sont choisis parmi des personnalités de haute moralité, connues pour leur compétence en matière de droits

---

[1] Loi n° 2000-516 du 15 juin 2000 renforçant la présomption d'innocence et les droits des victimes, *Journal officiel de la République française*, 16 juin 2000, art. 129 : « à l'exception des locaux de garde à vue, les députés, les sénateurs et les représentants au Parlement européen [...] peuvent être accompagnés par un ou plusieurs journalistes ».
[2] CLIQUENNOIS Gaëtan, CARTUYVELS Yves, CHAMPETIER Brice, *op.cit.*, p. 491-519.
[3] LECERF Jean-René, *op. cit.*, p. 121-134.

de l'homme ou ayant une expérience professionnelle dans les domaines dont traite la présente Convention.

3. Le Comité ne peut comprendre plus d'un national du même État.

4. Les membres siègent à titre individuel, sont indépendants et impartiaux dans l'exercice de leurs mandats et se rendent disponibles pour remplir leurs fonctions de manière effective »[1].

Son but est d'effectuer un contrôle de terrain « tendant à renforcer le respect des droits de l'homme et de la dignité humaine dans des situations de privation de liberté »[2]. Dans cette perspective, il a la possibilité d'effectuer des inspections dans les établissements pénitentiaires en vue de s'assurer de la mise en œuvre effective des obligations conventionnelles. Cependant, la principale raison de l'ineffectivité du contrôle du CPT provient de l'élargissement de sa compétence matérielle[3]. En se saisissant de toute difficulté en lien avec la détention, son pouvoir d'inspection ne peut s'effectuer de manière rigoureuse dans l'ensemble des prisons des 46 États. Par conséquent, son action est limitée à un faible nombre de structures et il ne peut mener des investigations sur les revendications des détenus ou encore moins voir ses rapports de visite être publiés sans l'autorisation des États membres[4]. Il n'a pas de pouvoir réel dans la mesure où il doit, à l'exception de son droit de visite périodique qu'il considère comme « la pierre angulaire du système préventif

[1] Article 4 de Convention européenne pour la prévention de la torture et des peines ou traitements inhumains ou dégradants.
[2] SNACKEN Sonja, « Les structures européennes de contrôle des administrations pénitentiaires. Le rôle et l'impact du Conseil de l'Europe et du Comité de Prévention de la Torture », *Déviance et Société*, 2014, p. 405-423.
[3] BUISSON Jacques, *op.cit.*, p. 479-490.
[4] LECERF Jean-René, *op. cit.*, p. 121-134.

de la Convention »[1], notifier ses visites ad hoc aux États concernés même en cas d'intervention urgente pour constater une situation particulièrement indigne. Cette « "visite de pompiers", du fait que leur but est soit d'éteindre un "incendie" existant, soit d'en prévenir le déclenchement » afin que dans l'urgence, soient garantis les droits fondamentaux du détenu est rarement effectuée par le CPT[2]. En 1995, il a effectué une seule visite ad hoc, deux en 1998, cinq en 2000 et sept en 2001[3].

117. Au niveau régional africain, il existe un mécanisme tripartite de contrôle des centres de détention[4]. Il s'agit du Rapporteur Spécial sur les Prisons (RSP), du Panel des Rapporteurs spéciaux et du Comité africain de prévention de la torture. La Commission africaine des droits de l'homme et des peuples a institué le Rapporteur Spécial sur les Prisons, les Conditions de Détention et l'Action Policière en Afrique lors de la 20e session ordinaire de ladite commission à Kampala (Ouganda) du 19-21 septembre 1996. Sa mission est d'examiner les conditions des personnes privées de leur liberté dans les territoires des États parties à la Charte africaine[5]. Le 30 septembre 2001, après avoir effectué une supervision en Namibie, elle recommandait que les conditions de détention dans les postes de police soient améliorées sans délai, de même que l'administration devrait prévoir l'assistance judiciaire pour tous les détenus en embauchant au moins un avocat ou un

---

[1] KRIEBAUM Ursula, « Prévention de la torture en Europe, Modus operandi du CPT », Brochure n°4 de l'association pour la prévention de la torture (APT) [en ligne], [consulté le 10 mai 2024].
[2] *Ibid.*
[3] *Ibid.*
[4] YORO-DADIE Maryvonne Alice, *op.cit.*, p. 372.
[5] Rapporteur Spécial sur les Prisons, les Conditions de Détention et l'Action Policière en Afrique [en ligne], [consulté le 25 mars 2023].

juriste diplômé à titre permanent[1]. Le 5 septembre 2022, le rapporteur s'insurgeait contre la République de Guinée au motif que le recours à la force par les forces de sécurité était excessif, entraînant une multitude d'arrestations, de blessés et plusieurs morts puis recommandait ainsi des enquêtes nationales en vue de punir les auteurs[2]. Afin de mieux promouvoir la Charte et inciter les États à garantir la dignité humaine dans les centres de détention, la Commission a inscrit dans l'agenda des visites promotionnelles le contrôle des lieux de détention[3]. La réalisation de cette mission est confiée à un panel de rapporteurs spéciaux[4]. Entre 2014 et 2019, ces commissaires ont visité plusieurs centres de détention, notamment au Gabon[5], au Cameroun[6], en Ouganda[7], et à Sao Tomé-Et-Prince[8] afin de s'assurer de

---

[1] Namibie : Mission sur Prisons et conditions de détention, 2001 [en ligne], [consulté le 25 mars 2023].

[2] Communiqué de presse sur la situation des droits de l'homme en République de Guinée, 2022 [en ligne], [consulté le 25 mars 2023].

[3] YORO-DADIE Maryvonne Alice, *op.cit.*, p. 375.

[4] *Ibid.*

[5] African Commission on Human & Peoples, Rights, Report of the Human rights promotion mission to the Gabonese Republic 13 - 18 january 2014, [en ligne], [consulté le 23 mai 2024].

[6] Rapport de la mission conjointe des mécanismes de la Rapporteure spéciale sur les droits de la femme en Afrique et du comité sur la protection des personnes vivant avec le VIH/SIDA, des personnes à risque, vulnérables (..), au Cameroun, du 4 au 14 septembre 2012.

[7] Rapport, « The joint promotion mission undertaken to the Republic of Uganda, 25-30 August 2013 », présenté au cours de la 55° session ordinaire tenue du 28 avril au 12 mai 2014.

[8] African Commission on Human & Peoples' Rights, Communiqué de Presse sur la Première Mission de Promotion de la Commission Africaine des Droits de l'Homme et des Peuples en République Démocratique de Sao Tomé-et-Principe (1er - 4 octobre 2019). La Délégation était composée de : L'Honorable Commissaire Maria Teresa Manuela, Commissaire Rapporteur sur la situation des Droits de l'Homme en République Démocratique de Sao Tomé-et-Principe ; et Rapporteur Spécial sur les Prisons, les Conditions de Détention et l'Action Policière en Afrique (Chef de la délégation) ; L'Honorable

l'effectivité de la mise en œuvre des obligations conventionnelles. Le Comité pour la Prévention de la Torture en Afrique (CPTA) a également été institué dans ce sens. Initialement nommé « le Comité de suivi de Robben Island », il a été créé par la Résolution 61 à la 32ème Session ordinaire à Banjul en Gambie en octobre 2002 et a été renommé « Comité pour la prévention de la torture en Afrique » dans le même lieu à la Résolution 158 adoptée lors de la 46ème Session ordinaire en novembre 2009[1]. Le CPTA a pour mission la mise en œuvre des *Lignes directrices de Robben Island.* Il s'agit de mesures d'interdiction et de prévention de la torture sous toutes ses formes et des peines ou traitements cruels, inhumains ou dégradants en Afrique.

118. L'ensemble de ces trois mécanismes demeure insuffisant pour assurer une protection effective de la dignité humaine des personnes détenues. À l'instar du CPT, les Rapporteurs ne peuvent effectuer aucune visite sans l'autorisation préalable de l'État membre[2]. Or, les États ne répondent pas toujours favorablement aux demandes de visites des centres de détention[3]. Ainsi, les experts ne sont

---

Commissaire Hatem Essaiem ; Président du Comité pour la Prévention de la Torture en Afrique ; et Trois (3) membres du personnel du Secrétariat (les Juristes, M. Bruno Menzan et Mlle Tatiana Sikunu Kimpiatu et le Chargé des Finances, M. Fred Tamakloe). C'est la toute première mission de promotion des droits de l'homme en Sao Tomé-et-Principe depuis sa ratification de la Charte le 23 mai 1986 [en ligne], [consulté le 23 mai 2024].

[1] Commission africaine des droits de l'homme et des peuples, Comité pour la Prévention de la Torture en Afrique [en ligne], [consulté le 23 mai 2024].

[2] LESSENE Ghislain Patrick, *op. cit.*, p. 106.

[3] Commission africaine des droits de l'homme et des peuples, Rapporteur spécial sur les prisons, les conditions de détention et le maintien de l'ordre en Afrique - 79OS [en ligne], [consulté le 23 mai 2024].

pas en mesure de rendre un rapport annuel sur la situation carcérale de chaque État membre. Le contrôle est parfois superficiel, car il est effectué dans quelques centres de détention choisis le plus souvent dans les capitales et surtout dans un laps de temps[1]. Dans son Rapport d'activité intersessions du 16 mai 2024, la commissaire Maria Teresa Manuela affirme que la Commission rencontre des difficultés d'ordre financier en raison de la réduction drastique du budget destiné aux missions de promotion des droits de l'homme en Afrique, ce qui la conduit à recourir aux réunions virtuelles[2]. Une telle méthode est manifestement inadaptée au contrôle des prisons. Si au niveau universel certains organes des NU tels que le Fond des Nations Unies pour l'Enfance (UNICEF), le Haut-Commissariat des Nations Unies aux Droits de l'Homme (HCDH) ou l'Organisation Mondiale de la Santé (OMS) peuvent effectuer des visites dans les centres de détention afin de s'enquérir de l'effectivité des droits fondamentaux, il n'existe pas à ce jour un mécanisme de contrôle et de supervision unique et périodique de ces établissements dans le monde. La prise en compte de l'ensemble de ces insuffisances et la mise en œuvre d'un instrument universel de supervision des centres de détention permettrait sans doute à l'univers carcéral d'entrer dans le XXIe siècle[3].

---

[1] YORO-DADIE Maryvonne Alice, *op.cit.*, p. 377.

[2] Commission africaine des droits de l'homme et des peuples, Rapporteur spécial sur les prisons, les conditions de détention et le maintien de l'ordre en Afrique - 79OS [en ligne], [consulté le 23 mai 2024].

[3] LECERF Jean-René, *op. cit.*, p. 121-134.

Chapitre 2. Le défi d'une politique carcérale conforme à la dignité du détenu

119. La protection de la dignité humaine du détenu est ineffective dans les deux systèmes, en dépit des exigences des Cours régionales. L'indignité des conditions de détention semble devenue la nouvelle norme des centres de détention. Dans cette optique, la protection de la dignité humaine du détenu nécessite des perspectives au niveau régional **(Section 1)** et interne **(Section 2)**.

Section 1 - Les perspectives envisageables au niveau régional

120. La justice interne des États n'est jamais à l'abri de critiques et de contestations. Les juridictions régionales jouent ainsi un rôle fondamental dans la construction de l'État de droit. Elles sont parfois le dernier rempart dans la sauvegarde des droits et libertés des citoyens. Dans les deux systèmes, les États doivent obligatoirement appliquer les décisions de la Cour européenne **(§ 1)** et de la Cour africaine **(§ 2)** en vue d'une protection effective de la dignité humaine du détenu.

§ 1. L'exigence de l'exécution des décisions de la Cour européenne

121. La Cour européenne jouit d'une grande légitimité dans la protection des droits fondamentaux des personnes privées de libertés. Toutefois, le constat d'une application insuffisante de ses décisions par les États membres **(A)** montre la nécessité d'une volonté politique et citoyenne en vue d'une effectivité de la protection de la dignité de ces derniers **(B)**.

A. Le constat d'une application insuffisante

122. Du fait de son histoire tragique, la protection des droits de l'Homme occupe indéniablement une place primordiale en Europe. C'est pourquoi, dans l'optique de pallier de nouvelles situations de méconnaissance de ces droits, il est aujourd'hui « impossible de raisonner à l'échelle interne sans prendre en compte la Convention européenne des droits de l'homme et sans s'interroger sur la portée théorique des arrêts de la Cour de Strasbourg »[1]. Cette prise en compte progressive est également le fruit d'une légitimité de la Cour dont la jurisprudence demeure intelligible et constructive. Toutefois, l'autorité juridique de ses arrêts peut paraître « relative et contestable »[2] en droit interne, quand bien même ils ont force obligatoire et exécutoire. Lorsqu'elle constate la violation de la dignité humaine, elle peut infliger une obligation à la puissance publique sans aucune possibilité d'agir directement au sein de l'État. Il appartient donc aux autorités nationales de s'exécuter fidèlement, ce qui n'est pas toujours le cas. Certains États comme la Grèce ont décidé d'appliquer systématiquement toutes les décisions de la Cour les concernant[3]. L'obligation positive de mise en œuvre de

---

[1] FERCOT Céline, « Les effets des arrêts de la Cour européenne des droits de l'homme en droit allemand. Analyse de la jurisprudence récente de la Cour de Karlsruhe et regards sur le droit français », *Revue française de droit constitutionnel*, 2007, p. 639-665.
[2] *Ibid.*
[3] PERRAKIS Stelios, « Le juge grec et la Cour de Strasbourg », in TAVERNIER, Paul (dir.), *Quelle Europe pour les droits de l'homme ?*, Bruylant, 1996, p. 171.

conditions compatibles avec le respect de la dignité humaine du détenu ne devrait en principe poser aucun problème. Pourtant, à l'instar de la France et de nombreux autres États, la Grèce a régulièrement été condamnée pour violation de son obligation positive en raison de l'indignité des conditions d'incarcération. Lorsqu'un État est condamné, il doit non seulement rétablir le requérant dans son droit, mais aussi tirer les conséquences de droit du jugement en prenant toutes les mesures nécessaires afin de protéger la dignité humaine dans l'ensemble de ses établissements pénitentiaires. Or, qu'ils soient de l'Est ou de l'Ouest, force est de constater que les États sont incessamment condamnés pour les mêmes motifs. Ces multiples condamnations témoignent du fait que les exigences de la Cour ne sont pas suivies avec rigueur. C'est ce qui vaut à la France une nouvelle condamnation pour l'indignité des conditions de détention et l'absence de recours effectif dans l'affaire *B.M. et autres c. France* du 6 juillet 2023[1].

123. Toutefois, certains États semblent être de bonne foi, car ils ont pris certaines mesures à la suite de leurs condamnations. En France, les réformes pénitentiaires engagées ces dernières années trouvent principalement leur origine dans les condamnations prononcées par la Cour européenne des droits de l'homme, en raison de l'indignité des conditions de détention[2]. La Loi pénitentiaire du 24 novembre 2009[3] semble s'inscrire parfaitement dans cette perspective. L'objectif affiché était de prendre en compte

---

[1] CEDH, *B.M. et autres c. France*, Requêtes nos 84187/17 et 5 autres, arrêt du 6 juillet 2023.

[2] FROMENT Jean-Charles, « La réforme pénitentiaire en France. Débats intemporels, évolutions conjoncturelles », *Droit et société*, 2011, p. 371-389.

[3] Loi n° 2009-1436 du 24 novembre 2009 pénitentiaire, *Journal officiel de la République française*, 25 novembre 2009.

toutes ces prescriptions afin de mettre en place un véritable statut juridique conforme au respect de la dignité du détenu[1]. C'est dans la poursuite de la réalisation de cette ambition qu'intervient l'ordonnance du 30 mars 2022[2]. Dans son rapport adressé au président de la République relatif à ladite ordonnance, le ministère de la Justice a déclaré que « la prohibition de la détention arbitraire et les exigences de la sauvegarde de la dignité de la personne humaine sont affirmées avec force »[3]. Bien que les conditions de détention restent indignes dans certains établissements pénitentiaires français, les réformes engagées traduisent néanmoins une volonté manifeste de se conformer aux exigences de la Cour. Par ailleurs, ayant été condamnée pour l'inadéquation des conditions de détention et du traitement médical dans l'affaire *Dybeku c. Albanie* du 18 décembre 2007[4], l'Albanie a entrepris une modification de son dispositif pénitentiaire à travers une loi relative aux droits et au traitement des détenus et des prévenus afin de protéger davantage leur dignité[5]. L'Estonie a pris des mesures pour améliorer les conditions matérielles d'incarcération après sa condamnation dans l'affaire *Kochetkov c. Estonie*[6] pour l'indignité de ses conditions de

[1] FROMENT Jean-Charles, *op.cit.*, p. 371-389.
[2] Ordonnance n° 2022-478 du 30 mars 2022 portant partie législative du code pénitentiaire.
[3] Journal officiel de la République Française, Rapport au Président de la République relatif à l'ordonnance n°2022-478 du 30 mars 2022 portant partie législative du code pénitentiaire, 5 avril 2022 [en ligne], [consulté le 14 mai 2023].
[4] CEDH, *Dybeku c. Albanie*, Requête n° 41153/06, arrêt du 18 décembre 2007, § 52.
[5] Conseil de l'Europe, « Impact de la Convention européenne des droits de l'homme dans les États parties : exemples choisis », *Impact de la Convention européenne des droits de l'homme dans les États parties. Exemples choisis*, Conseil de l'Europe, 2016, p. 9-86.
[6] CEDH, *Kochetkov c. Estonie*, Requête n° 41653/05, arrêt du 2 juillet 2009.

détention provisoire. Elle a procédé à la rénovation de plusieurs centres dédiés à cet effet, baissé le taux d'occupation et la construction de nouveaux bâtiments[1]. Enfin, depuis sa condamnation dans l'arrêt pilote, *Ananyev et autres c. Russie*[2], relative aux problèmes structurels des conditions inhumaines dans ses centres de détention provisoire et en l'absence de toute voie de recours effective, la Russie a corrigé cette lacune dans son Code de procédure pénale la même année en décembre 2012[3]. La prise en considération des arrêts de la Cour demeure, en définitive, relative et incomplète.

B. La nécessité d'une volonté politique et citoyenne

124. Dans le système européen, une meilleure protection de la dignité humaine du détenu nécessite une volonté politique et citoyenne plus renforcée. Au niveau politique, la problématique de la détention doit être un sujet de société, car « il faut que la transparence l'emporte sur l'obscurité ambiante et que tous les lieux de privation de liberté soient librement accessibles »[4]. Les gouvernements doivent être imbibés de la réalité de l'univers carcéral, travailler sérieusement à l'amélioration des conditions des détenus, car dans un État de droit, nul ne saurait être traité comme un sous-homme. Cela implique l'impératif d'ouvrir un débat approfondi sur la question. Dans une société

---

[1] Conseil de l'Europe, « Impact de la Convention européenne des droits de l'homme dans les États parties : exemples choisis », *op.cit.*, p. 9-86.
[2] CEDH, *Ananyev et autres c. Russie*, Requêtes n°s 42525/07 et 60800/08, arrêt du 10 janvier 2012.
[3] Conseil de l'Europe, *op.cit.*, p. 9-86.
[4] Sir Nigel Rodley Rapporteur spécial des Nations Unies sur la torture 3 juillet 2001, A/56/156, § 35.

démocratique, la réalité de l'univers carcéral ne peut être un sujet tabou, ignoré ou mal connu comme c'est le cas[1]. Les partis politiques, y compris les parlementaires, doivent se saisir de la question dans leur programme de société. Le droit de visite étant un outil permettant de dénoncer l'indignité incessante des conditions de détention, l'intensification des enquêtes parlementaires permettrait de mettre à nu cette question et susciterait constamment une réflexion sur d'éventuelles réformes du système carcéral. La presse peut également jouer un rôle de contrepoids dans le contrôle de l'action gouvernementale. À travers des reportages critiques du dysfonctionnement des lieux de privation de liberté, les gouvernements se verraient obligés de prendre des mesures urgentes afin d'échapper à un retournement de l'opinion publique. Les réseaux sociaux permettent aujourd'hui une prise de conscience collective des peuples sur certains sujets qui affectent la société[2]. Ils constituent l'un des meilleurs moyens de pression sur les gouvernements. Lorsqu'un État est condamné, aussitôt l'information est relayée sur ces réseaux. C'est dans cette optique que le professeur Herzog-Evans affirmait que tout « arrêt de la Cour a malgré tout une autorité morale. Lorsqu'un État est condamné, une importante publicité est donnée à l'affaire, spécialement lorsqu'il s'agit de la violation de l'article 3 »[3]. Cette pression populaire exceptionnelle démontre l'implication des citoyens dans la protection de la dignité humaine et la lutte contre les mauvais traitements. Ces canaux modernes d'informations peuvent donc jouer une influence positive dans l'application des décisions de la Cour européenne.

---

[1] TOURAUT Caroline, « Introduction », *op. cit.*

[2] BRILLIE-CHAMPAUX Marina, « Réseaux sociaux et construction du droit », 23 juin 2022 [en ligne], [consulté le 16 avril 2024].

[3] HERZOG-EVANS Martine, *Droit pénitentiaire*, Dalloz, 2012, p. 87.

§ 2. L'exigence de l'exécution des décisions de la Cour africaine

125. Théoriquement, les décisions de la Cour africaine sont obligatoires. Les États membres doivent systématiquement s'y conformer. Cependant, dans la pratique, sa jurisprudence manque de légitimité contrairement à celle de la Cour européenne, ce qui conduit les parties à une résistance farouche à son égard **(A)**. Une réforme substantielle est donc nécessaire afin qu'elle puisse véritablement garantir la protection de la dignité humaine du détenu **(B)**.

A. Le constat d'une résistance farouche

126. Les décisions de la Cour africaine sont très souvent banalisées, rejetées particulièrement par les États condamnés. En 2017, sur neuf arrêts rendus par la Cour, six ont fait l'objet d'inexécution de la part des États condamnés[1] ; en 2018, vingt-et-un cas d'inexécution sur vingt-neuf arrêts rendus[2] et en 2019, dix-neuf cas d'inexécution sur vingt-neuf arrêts rendus[3]. Dans son dernier rapport d'activité, la Cour reconnaît que :

---

[1] Conseil exécutif de l'Union africaine, *Rapport d'activité de la Cour africaine des droits de l'homme et des peuples, 1er janvier-31 décembre 2017*, 32e session ordinaire, 22-26 janvier 2018, Addis-Abeba (Éthiopie), p. 11-29.
[2] Conseil exécutif de l'Union africaine, *Rapport d'activité de la Cour africaine des droits de l'homme et des peuples, 1er janvier 31 décembre 2018,* 34e session ordinaire, 7-8 février 2019, Addis-Abeba, p. 9-40.
[3] Conseil exécutif de l'Union africaine, *Rapport d'activité de la Cour africaine des droits de l'homme et des peuples, 1er janvier-31 décembre 2019*, 36e session ordinaire, Addis-Abeba, 6-7 février 2020, p. 19-25

« L'un des principaux défis auxquels la Cour est actuellement confrontée est le faible niveau de mise en œuvre de ses décisions. Sur les plus de 200 arrêts et ordonnances rendus par la Cour, moins de 10% ont été pleinement mis en œuvre, 18 % sont partiellement exécutés et 75% ne l'ont pas été du tout. Cette inexécution menace non seulement l'État de droit, mais sape également la confiance du public dans le système juridique et judiciaire »[1].

Pourtant, le juge d'Arusha est parfois rigoureux dans la protection des droits de l'homme[2] et singulièrement en matière de protection de la dignité humaine du détenu. Mal connue des peuples africains, elle ne bénéficie pas d'une légitimité populaire qui pourrait constituer un moyen de pression sur les dirigeants africains. S'il n'est cependant pas contesté que « les organes régionaux de protection des droits humains jouent un rôle crucial pour ce qui est de garantir justice et obligation de rendre des comptes »[3], la Cour peine à s'imposer. Son absence de légitimité découle également du fait que sur trente-quatre États ayant ratifié le protocole portant sur sa création, seuls 12 ont fait une déclaration d'acceptation de sa compétence pour recevoir les affaires en vertu de l'article 5, permettant aux organisations non gouvernementales (ONG) et aux particuliers de la saisir directement conformément à l'article 34 du même protocole[4]. La Conv.EDH ne comporte pas une telle clause. Entre 2016 et 2020, le Rwanda, le Bénin, la Côte d'Ivoire et la Tanzanie ont retiré aux personnes

---

[1] Conseil exécutif de l'Union africaine, *Rapport d'activité de la Cour africaine des droits de l'homme et des peuples, 7 novembre -2 décembre 2022*, 42e session ordinaire, 16 janvier - 16 février 2023, Addis-Abeba (Éthiopie), p. 24.

[2] SOMA Abdoulaye et DABIRÉ Samson Mwin Sôg Mè, *op. cit.*, p. 5.

[3] Netsanet Belay, directeur de la recherche et du plaidoyer au sein d'*Amnesty International* [en ligne], [consulté le 14 mai 2023].

[4] Entre 1998 et 2021, 12 États au total ont fait la déclaration d'acceptation de la compétence de la Cour en faveur des ONG et des particuliers [en ligne], [consulté le 14 mai 2023].

physiques et aux organisations non gouvernementales (ONG) le droit de saisir directement la Cour africaine à la suite de décisions défavorables[1]. Désormais, les ONG et les particuliers ne disposent plus de la possibilité de saisir directement la Cour afin de faire constater une violation des droits de l'homme. Il s'agit d'un recul de la garantie des droits humains, car l'indépendance de la justice reste à démontrer dans ces États. L'indépendance exige que « le recrutement des juges, le déroulement de leur carrière et la sanction disciplinaire de leurs manquements éventuels soient soustraits à toute ingérence politique et régis par des règles transparentes et démocratiques. (...) L'indépendance exclut toute forme de partialité »[2]. En vertu de l'article 26 de la Charte, les États ont « le devoir de garantir l'indépendance des tribunaux et de permettre l'établissement et le perfectionnement d'institutions nationales appropriées chargées de la promotion et de la protection des droits et libertés ». En 2019, la Cour a réaffirmé dans l'affaire *Sébastien Ajavon c. République du Benin* que « la garantie de l'indépendance des juridictions impos[ait] aux États, non seulement le devoir de consacrer cette indépendance dans leur législation, mais aussi l'obligation de s'abstenir de toute immixtion dans les affaires de la justice, et ce, à tous les niveaux de la

---

[1] TIEHI Judicaël Elisée, « L´exécution minimaliste de l´arrêt de la Cour africaine des droits de l´homme et des peuples dans l´affaire « Actions pour la protection des droits de l´homme (APDH) c. République de Côte d´Ivoire » : much ado about nothing ? », *La Revue des droits de l'homme* [en ligne], [consulté le 16 avril 2024].

[2] V. la motion finale adoptée à Dakar in *L'indépendance de la justice. Actes du deuxième congrès de l'Association des hautes juridictions de cassation des pays ayant en partage l'usage du français*, Dakar, 7-8 novembre 2007, Cour de cassation du Sénégal - OIF, 2008, p. 199 in HOURQUEBIE Fabrice, « L'indépendance de la justice dans les pays francophones », *Les Cahiers de la Justice*, 2012, p. 41-61.

procédure judiciaire »[1]. Or, il ne fait aucun doute que le pouvoir judiciaire est en pratique sous la tutelle du pouvoir exécutif dans de nombreux États africains comme c'est le cas du Rwanda[2]. Aujourd'hui, sur les 55 États que compte l'UA, seuls huit acceptent la compétence de la Cour. En 2016, à l'occasion de son retrait, le Rwanda a affirmé que la Cour s'était alignée sur la position d'un génocidaire, ce qui justifiait sa décision de se retirer[3]. En novembre 2019, la Tanzanie a soutenu que la Cour avait statué sur des questions relevant de la compétence exclusive des juridictions nationales. En 2020, le Bénin s'est opposé à une décision ordonnant la suspension de la saisine des biens d'un requérant, prétextant que celle-ci était contre les intérêts économiques et la stabilité politique du pays. Dans la même année, la Côte d'Ivoire s'est retirée à la suite d'une décision lui ordonnant la suspension d'un mandat d'arrêt international émis contre un opposant politique ainsi que la libération sous caution de ses proches. Amnesty International a qualifié vraisemblablement la situation de « crise existentielle à la Cour africaine des droits de l'homme »[4].

127. Si les décisions conduisant aux retraits progressifs des États résultent d'une certaine audace de la Cour,

---

[1] CADHP, *Sébastien Germain Ajavon c. République du Bénin*, Requête n°013/2017, arrêt au fond, 29 mars 2019, § 280.

[2] BURGORGUE-LARSEN Laurence, NTWARI Guy-Fleury, « Chronique de jurisprudence de la Cour africaine des droits de l'homme et des peuples (2020) », *Revue trimestrielle des droits de l'homme*, 2021, p. 991-1046.

[3] PAVOT David, « Le retrait de la déclaration du Rwanda permettant aux individus et ONG de saisir la Cour africaine des droits de l'homme et des peuples », *Revue québécoise de droit international*, 2017, p. 221-237 [en ligne], [consulté le 14 mai 2023].

[4] Amnesty International, « The state of african regional humain rights bodies and mechanisms », 2019-2020 [en ligne], [consulté en ligne le 14 mai 2023].

néanmoins, elle pose également la question de la marge nationale d'appréciation. Tous les grands arrêts relatifs à la dignité humaine des personnes détenues, notamment ceux portant sur la problématique de la peine de mort obligatoire, ont été rendus contre la Tanzanie. Le siège de la Cour étant situé dans cet État, il constituait à lui seul, 81% des arrêts au fond[1]. Le retrait de ces États révèle le manque de volonté politique dans la protection des droits de l'homme et soulève implicitement la question de l'État de droit et l'existence de sociétés démocratiques en Afrique. La jurisprudence de la Cour n'est pas non plus exempte de toute critique. Dans certaines affaires, sa position est sujette à critique, notamment lorsqu'elle semble ignorer l'évolution du droit international sur certaines questions ou lorsqu'elle motive de manière insuffisante ses décisions. Pourtant, dès sa première décision, le professeur Alain Didier Olinga insistait sur le fait que la Cour devrait faire des efforts substantiels dans l'interprétation de la Charte pour « espérer se hisser, au plan de la démarche technique, au niveau de ses homologues européenne et interaméricaine »[2]. Les autres États reconnaissent sa compétence uniquement de manière théorique, probablement afin de préserver leur image sur la scène internationale. Mais, dans la pratique, ses décisions demeurent largement inappliquées[3]. Le contrôle même de l'exécution de ses arrêts est « ignoré » par les organes politiques de l'UA, « alors qu'il s'agit d'un élément majeur afin d'assurer à long terme la crédibilité du système de garantie »[4]. Dans ces circonstances, elle est très

[1] *Ibid.*

[2] OLINGA Alain Didier, « La première décision au fond de la Cour africaine des droits de l'homme et des peuples », *La Revue des droits de l'homme* [en ligne], [consulté le 31 mai 2023].

[3] BURGORGUE-LARSEN Laurence, « La Cour africaine des droits de l'homme et des peuples à la croisée des chemins », *op.cit.*, p. 631-659.

[4] BURGORGUE-LARSEN Laurence, *Les 3 Cours régionales des droits de l'homme, in context., op.cit.*, p. 461.

loin de garantir la protection de la dignité humaine du détenu sur le continent.

B. La nécessité d'une réforme substantielle

128. La protection de la dignité humaine du détenu nécessite une profonde réforme de la Cour africaine. Au niveau institutionnel, une politique de renégociation doit être menée par la conférence des chefs d'États et de gouvernements dans l'optique de pallier le trop faible nombre d'États reconnaissant l'autorité de la Cour. La majorité des États, ne reconnaissant pas ou plus sa compétence, elle ne saurait statuer sur l'indignité de leurs conditions de détention. Il est aussi nécessaire de remédier à son rôle insignifiant dans le suivi de l'exécution de ses décisions. Contrairement à la Cour interaméricaine des droits de l'homme où le contrôle de l'exécution des décisions est dévolu à la Cour elle-même[1], et à l'instar de la Cour européenne avec le Comité des ministres du Conseil de l'Europe[2], l'article 29 du Protocole confère aux organes politiques, notamment au Conseil exécutif, la responsabilité principale de la mise en œuvre des décisions de la Cour africaine. L'alinéa 2 de cette même disposition lui fait obligation de notifier ses arrêts aux parties, à la Commission africaine et aux États membres de l'Union. L'article 31 du Protocole l'autorise à soumettre lors de chaque session ordinaire de la Conférence un rapport annuel notamment sur l'état de l'exécution de ses décisions. Il confie au Conseil exécutif la surveillance et le respect des

---

[1] Règlement intérieur de la Cour interaméricaine des droits de l'homme, adopté par la Cour lors de sa LXXXVe session ordinaire, tenue du 16 au 28 novembre 2009, art. 69.

[2] Convention européenne des droits de l'homme, art. 54.

décisions judiciaires. Or, le Règlement ne définit pas explicitement le rôle de ce Conseil[1]. La soumission des rapports de non-exécution à un tel organisme est manifestement un contrôle de nature politique. Cette carence révèle la prééminence du contrôle politique sur le contrôle juridictionnel[2], ce qui n'est pas sans conséquence sur l'effectivité de ses décisions dans le cadre de la protection de la dignité humaine. Pourtant, l'attractivité du système interaméricain résulte du fait que l'exécution des décisions de la Cour est non seulement « entre les mains d'un juge international, mais aussi entre les mains du juge qui a prononcé la décision »[3]. Une réforme de la Cour africaine pourrait donc s'inspirer de ce modèle de contrôle juridictionnel des décisions. Elle pourrait également s'inspirer des contraintes qu'inflige la Cour européenne aux États qui s'opposent à l'application de ces décisions à travers l'imposition d'intérêts moratoires dans le dispositif de ses décisions. Enfin, il s'agirait de penser des mécanismes de sanction qui permettraient d'exclure temporairement certains États de l'UA, du statut de membre exécutif ou de toute responsabilité officielle au sein de l'organisation.

---

[1] KAGINA Benjamin, « Le mécanisme de suivi des décisions de la Cour africaine des droits de l'homme et des peuples : entre tâtonnement et nécessité de s'affirmer », *Cahiers de la recherche sur les droits fondamentaux* [en ligne], 2022, [consulté le 18 avril 2024].

[2] KOULADOUMADJI Charles, *L'exécution des décisions de la cour africaine des droits de l'homme et des peuples par les États* [en ligne], mémoire de recherche, droit public, Université de Yaoundé II, 2021, p. 68, [consulté le 17 avril 2024].

[3] LAMBERT-ABDELGAWAD Elisabeth, « L'exécution des décisions des juridictions internationales des droits de l'homme : vers une harmonisation des systèmes régionaux », *Anuario colombiano de derecho internacional*, 2010, p. 14.

Section 2 - Les perspectives envisageables au niveau interne

129. Le débat sur la réforme des établissements pénitentiaires est permanent en Europe comme en Afrique. Toutefois, un écart demeure entre la parole et les actes des gouvernants. Les promesses incessantes d'une meilleure prison sont parfois une chimère ou conduisent tout simplement à des réformes sommaires. À ce titre, Michel Foucault avait observé que l'échec des réformes de la prison est consubstantiel à l'institution elle-même[1]. C'est pourquoi il se posait la question suivante : « Le prétendu échec ne fait-il pas alors partie du fonctionnement de la prison ? »[2]. Certes, l'état des lieux de privation de liberté n'est pas encore satisfaisant, cependant, force est de reconnaître que les critiques de la doctrine poussent à bien des égards les États à agir positivement dans ce sens. Les juridictions régionales étant subsidiaires, il va sans dire que la protection de la dignité humaine doit, de prime abord, être assurée au niveau interne. Dans cette optique, il est souhaitable, voire obligatoire, d'envisager au sein des États membres des réformes matérielles **(§ 1)** et fonctionnelles conformes à la dignité humaine du détenu **(§ 2)**.

§ 1. Vers des réformes matérielles conformes à la dignité du détenu

130. Dans chaque État membre, des réformes matérielles conformes à la sauvegarde de la dignité humaine du détenu

---

[1] FOUCAULT Michel, *Surveiller et punir*, Gallimard, 1975, p. 267-342.
[2] *Ibid.*, p. 37.

doivent être envisagées. Elles doivent porter essentiellement sur la mise en œuvre d'un programme d'urgence de l'établissement carcéral **(A)**, puis de l'entretien et l'équipement réguliers des centres de détention **(B)**.

A. Un programme d'urgence de l'établissement carcéral

131. Il existe aujourd'hui une crise matérielle de l'établissement pénitentiaire dans les deux systèmes. Les États ne devraient pas toujours attendre d'être condamnés avant d'entreprendre quelques réformes superficielles de l'environnement carcéral. Il est impératif de faire preuve d'une volonté politique dans la mise en œuvre d'un programme de réhabilitation permanente et de construction de nouvelles infrastructures compatibles avec le principe de dignité. Elle doit tenir compte de l'évolution des droits de l'homme et du contenu normatif de la dignité. Une place prépondérante doit être accordée à la santé, l'hygiène, la taille des cellules, la vulnérabilité, l'environnement carcéral, bref aux conditions de détention. La Règle 13 Nelson Mandela des NU stipule que « tous les locaux de détention et en particulier ceux où dorment les détenus doivent répondre à toutes les normes d'hygiène, compte dûment tenu du climat, notamment en ce qui concerne le volume d'air, la surface minimale au sol, l'éclairage, le chauffage et la ventilation ». La Règle 17 ajoute que « tous les locaux fréquentés régulièrement par les détenus doivent être correctement entretenus et être maintenus en parfait état de propreté à tout moment ». L'État doit prévoir également la construction de nouveaux bâtiments à l'intérieur des anciennes prisons ou construire au pire des cas de nouvelles prisons. Dans le contexte africain, il est urgent de construire à l'intérieur de chaque établissement des centres de santé et de planifier systématiquement l'équipement en fonction de l'inflation carcérale. Comme le cas des malades psychiatriques, il est nécessaire de promouvoir des lieux de privation de liberté prenant en compte la vulnérabilité du mineur. Pour les adultes, il n'est point nécessaire de construire des prisons spéciales comme le cas des maisons de retraite, mais aménager, organiser l'intérieur de ces établissements afin de satisfaire à leurs besoins. L'emplacement de ces établissements ne doit pas non plus être négligé. Toute nouvelle construction doit au-delà de la santé, assurer le bien-être général des personnes détenues comme il est de jurisprudence constante[1]. Dans une décision précitée impliquant la Russie, la Cour européenne avait affirmé que toute détention dans un aéroport était contraire à la dignité au motif que l'environnement même était inadapté. La prise en compte de cette obligation impose implicitement la délocalisation de certains lieux de détention. La structure de l'établissement carcéral ne doit pas être la source d'une angoisse et d'une souffrance démesurée pour les personnes y séjournant. L'environnement carcéral doit impérativement favoriser la cohésion entre les détenus, leur permettant ainsi d'échanger librement et de circuler à l'intérieur de l'établissement. Elle doit également prévoir la construction de salles d'accueil et de parloirs à l'intérieur de chaque prison afin que les détenus puissent échanger convenablement avec leurs familles, conseils et proches. En 2021, la CGLPL avait déjà dénoncé l'indignité de certains parloirs en Île-de-France dont les mesures étaient « en tout

[1] CEDH, *Contrada c. Italie* (n°2), Requête n° 7509/08, arrêt du 11 février 2014, § 77.

1,20 m de long sur 1 m de large »[1]. Au-delà des mineurs et des personnes âgées, l'infrastructure carcérale doit prendre en compte la vulnérabilité liée au handicap. L'État a l'obligation de veiller à ce que les conditions physiques de détention répondent aux besoins spécifiques de l'infirmité. L'infrastructure doit également garantir à chaque détenu l'autonomie de sorte qu'il ne soit pas dépendant de ses codétenus pour les tâches quotidiennes. À défaut de mettre en œuvre ces mesures de manière effective et durable, les États s'exposent inévitablement à des condamnations, les personnes détenues demeurant soumises à une souffrance excessive et contraire aux standards des droits de l'homme.

B. L'entretien et l'équipement réguliers des centres de détention

132. L'entretien et l'équipement des centres de détention demeurent un défi considérable car l'insalubrité de ces lieux est la source de nombreuses pathologies. Dans les deux systèmes, le manque d'hygiène étant attentatoire à la dignité du détenu, il est nécessaire de procéder à un entretien régulier de ces structures. Les États doivent donc allouer un budget conséquent à cet effet. Il est indispensable d'engager des sociétés de nettoyage afin qu'elles interviennent dans tous les lieux de privation de liberté. Un programme d'entretien régulier doit être mis en place, non seulement pour assurer l'hygiène des cellules, mais également pour garantir la salubrité de l'ensemble de l'environnement carcéral. S'inscrivant dans cette perspective, le budget de l'administration pénitentiaire pour 2024 du nouveau projet de loi de finances, voté par l'Assemblée nationale française

[1] LE CONTROLEUR GENERAL DES LIEUX DE PRIVATION DE LIBERTE, *Rapport d'activité 2021*, p. 97.

s'élève à 5 milliards en vue d'entreprendre un ensemble de réformes visant à faire cesser l'indignité des conditions de détention[1]. Si la situation sanitaire et hygiénique est plus alarmante dans la majorité des prisons en Afrique, force est de reconnaître que ces États rencontrent parfois d'énormes difficultés budgétaires pour y faire face[2]. Pourtant, la protection de la dignité humaine en milieu carcéral impose aux autorités l'obligation de mobiliser les ressources nécessaires à l'entretien des installations sanitaires, des toilettes et des réseaux d'assainissement, afin de préserver la salubrité de l'environnement pénitentiaire et de prévenir la propagation des maladies contagieuses. Il incombe donc aux États d'équiper l'ensemble des centres de détention des produits essentiels à la préservation de la dignité humaine, tels que les matelas, le savon ou les serviettes hygiéniques, afin de remédier à l'indignité persistante des conditions de vie dans ces établissements. En 2020, Amnesty International constatait l'incapacité des personnes incarcérées en Érythrée de prendre des douches ou de laver leurs vêtements régulièrement en raison de la négligence des autorités dans la fourniture de produits d'hygiène personnelle comme le savon[3]. L'OIP a déjà révélé la précarité menstruelle en prison. Pendant leurs règles, les prisonnières reçoivent parfois de l'administration pénitentiaire des produits inadaptés. Se confiant à cette structure, une détenue affirmait : « pendant mes règles, j'ai dû utiliser des gants de toilette et des chaussettes. J'étais

---

[1] Observatoire international des prisons, section française, Budget pénitentiaire pour 2024 : 5 milliards de dettes pour une fuite en avant [en ligne], [consulté le 20 avril 2024].

[2] Prisonniers Sans Frontières, Hygiène et Santé [en ligne], [consulté le 20 avril 2024].

[3] Amnesty International, « Érythrée. La surpopulation et l'insalubrité dans les prisons rendent les détenu·e·s sans défense face à la pandémie de COVID-19 » [en ligne], Publié le 21.05.2020, [consulté le 20 avril 2024].

déprimée, je me sentais une moins que rien. Si vous avez une fouille à corps, c'est l'humiliation »[1]. La finalité de l'incarcération n'étant nullement l'humiliation, les États ont l'obligation d'assurer l'entretien régulier et l'équipement adéquat des établissements pénitentiaires, dans le but de mettre un terme aux conditions de détention indignes.

§ 2. Vers des réformes fonctionnelles conformes à la dignité du détenu

133. La protection de la dignité humaine nécessite indéniablement des réformes fonctionnelles des centres de détention. Elles doivent porter prioritairement sur l'amélioration du cadre juridique **(A)** et la formation continue des agents pénitentiaires **(B)**.

A. Une amélioration du cadre juridique

134. Il n'échappe à personne que « la réforme de la prison est en effet indissociable de celle des systèmes pénaux qui produisent la population carcérale »[2]. Il est donc indispensable d'envisager des mesures juridiques réduisant l'inflation pénitentiaire. La liberté est un principe sacro-saint des sociétés démocratiques. Cependant, dans la grande majorité des grandes démocraties contemporaines, « le

---

[1] BOSQUET Sarah, « Précarité menstruelle en prison : à quand la gratuité ? » [en ligne], publié le 12 mars 2020, [consulté le 20 avril 2024].

[2] MORELLE Marie, LE MARCIS Frédéric, « Ecosystème punitifs et prisons en Afrique », [en ligne], [consulté le 21 mai 2023].

réflexe primaire des magistrats est d'emprisonner »[1]. Autrement dit, il est plus aisé d'incarcérer que de libérer une personne même présumée innocente. La multiplication des détentions crée donc la surpopulation qui à son tour dégrade l'ensemble du système pénitentiaire. Dans son rapport SPACE 2019, le Conseil de l'Europe constatait que le taux de détention provisoire en France s'élevait à 29% du nombre total de détenus, dont 80 % en attente d'un procès et 20% jugés en attente d'un examen de la condamnation[2]. Il était de 48,6 % au Luxembourg, 47,7 % en Suisse, 42,6 % aux Pays-Bas, 38,2 % au Danemark, 32 % en Italie, 31 % en Croatie, 30 % à Chypre[3]. En Côte d'Ivoire, selon le Rapport de la CNDH, l'effectif des personnes en détention préventive est de 32, 88 % de l'effectif total de personnes privées de libertés[4]. Ces chiffres alarmants traduisent une même et triste réalité, la carence des systèmes pénaux à désengorger les centres de privation de liberté et donc à protéger la dignité humaine. L'indignité des conditions d'incarcération découle également de la trop longue durée de certaines peines et du fait qu'il n'existe pas dans certains États de statut autonome, particulier règlementant l'environnement carcéral. S'il n'est pas contestable que la durée de la peine a nécessairement un impact néfaste sur la dignité du détenu, les États doivent repenser la législation carcérale en luttant contre les peines de trop longue durée, de même que les détentions préventives déraisonnables. L'absence de code pénitentiaire et de déontologie harmonisant les dispositions éparses sur la détention constitue un flou juridique incompatible avec la protection

---

[1] CASSUTO Thomas, « La France est-elle vraiment malade de la détention provisoire ? » [en ligne], [consulté le 22 mai 2023].

[2] *Ibid.*

[3] *Ibid.*

[4] Rapport Annuel 2021, le Conseil National des Droits de l'Homme (CNDH) de Côte d'Ivoire, *op. cit.*, p. 22.

de la dignité humaine. Si les États européens fournissent un effort dans ce sens, la situation semble plus catastrophique en Afrique où cette imprécision place les personnes détenues dans l'ignorance et la subordination totale à l'égard des agents qui n'hésitent pas à outrepasser leur compétence en piétinant sur leur dignité. Ainsi, « selon un système de don-contre-don, des détenus accèdent ainsi à de relatifs privilèges durant leur incarcération. Ils surveillent des espaces et des seuils au sein de la prison : ils en tirent une rente et un statut. D'autres prisonniers encore ont recours à la corruption des agents de l'administration pénitentiaire »[1]. Cependant, il existe des cas exceptionnels où le détenu semble, au contraire, plus puissant que toute l'administration pénitentiaire. L'affaire *Yacou le Chinois* est une belle illustration du mauvais fonctionnement des prisons de Côte d'Ivoire[2]. En effet, se présentant comme le chef d'un gouvernement informel au sein de la prison d'Abidjan, il exerçait des pouvoirs exorbitants, bien au-delà de ceux reconnus aux détenus ordinaires. Il bénéficiait de la liberté de « se rendre en boîte de nuit »[3] à sa convenance, avait une protection particulière, ainsi que « sa mainmise sur la circulation de drogues dans la prison »[4]. Il « revendiquait le maintien de la bonne moralité des prisonniers en débusquant et condamnant les pratiques homosexuelles »[5] sans que l'administration carcérale soit en mesure de prendre ses responsabilités.

---

[1] MORELLE Marie, « La prison centrale de Yaoundé : l'espace au cœur d'un dispositif de pouvoir », *Annales de géographie*, 2013, p. 332-356.
[2] LE MARCIS Frédéric, « Le destin de Yacou « le Chinois », Carrière criminelle et devenir de la Côte d'Ivoire au prisme de la prison », *Afrique contemporaine*, 2017, p. 85-101.
[3] *Ibid.*
[4] *Ibid.*
[5] *Ibid.*

135. En France, l'OPI a observé en 2021 que « les textes récents ne prévoient aucun quota de douches ou de parloirs, ni aucune disposition en matière d'aide à la personne ou de formation des agents pour l'accueil d'un public en situation de handicap »[1]. Ce caractère informel d'administration des lieux de détention crée indéniablement toutes les conditions de servitude, d'avilissement et d'indignité. La mise en œuvre d'un véritable cadre juridique est l'une des conditions *sine qua none* de la protection de la dignité des personnes détenues. Les États doivent reconnaître la spécificité de ce droit en élaborant à la fois un code juridique pénitentiaire et un code de déontologie. La dignité humaine ne peut être garantie dans un environnement où les détenus ignorent complètement leurs droits, surtout lorsque certains sont dépourvus d'assistance juridique. Une réforme fonctionnelle de la justice s'impose d'autant plus qu'elle est parfois la source du dysfonctionnement des établissements pénitentiaires. La lenteur des procédures judiciaires est une réalité dans de nombreux ordres juridiques internes. Elle découle au moins de deux principales causes, que sont le sous-effectif du personnel judiciaire et de l'insuffisance de juridiction. La CNDH estimait le nombre de magistrats ivoiriens à un (01) pour trente-huit mille cinq cent cinquante-et-un (38.551) justiciables au lieu d'un (01) magistrat pour dix mille (10.000) justiciables. Cette situation est quasiment similaire dans de nombreux États européens. Le Rapport d'évaluation de la CEPEJ de 2020 sur les Systèmes judiciaires européens conclut que la France compte 10,9 magistrats professionnels, dont seulement 3 procureurs pour 100 000 habitants[2]. C'est dans cette optique que madame la sénatrice Borchio Fontimp

---

[1] OBSERVATOIRE INTERNATIONAL DES PRISONS (OIP), « Handicap, âge et dépendance », *op. cit.*, p. 448-458.

[2] Systèmes judiciaires européens-Rapport d'évaluation de la CEPEJ de 2020 [en ligne], [consulté le 24 mai 2023].

Alexandra a adressé une question écrite au ministre de la Justice, garde des Sceaux, le 28 juillet 2022 sur le très faible nombre de magistrats. Décriant cette situation alarmante, elle alléguait que « la France ne peut que rougir face au faible nombre de magistrats par habitant sur le territoire »[1] et conclut avec beaucoup de bon sens qu'« il faut recruter des magistrats, car nous avons besoin de rendre à la justice ses lettres de noblesse »[2]. Le même rapport indique que l'Irlande compte 3,3 magistrats professionnels dont seulement 2,2 procureurs, l'Angleterre et les Pays de Galles 3,1 magistrats dont 4,2 procureurs respectivement pour 100 000 habitants. Ce qui plante le décor de la cruciale problématique de la célérité de la justice pénale. Il n'est pas contestable que l'écoulement du temps soit utile pour « une décision juridictionnelle mesurée »[3]. Cependant, la lenteur des procédures judiciaires contribue à la surpopulation carcérale et à l'indignité des conditions de détention.

B. La formation continue des agents pénitentiaires

136. Les violences policières et pénitentiaires observées ces années sur les deux continents impliquent de repenser la déontologie des agents. À cet égard, les gouvernements doivent associer fortement l'administration pénitentiaire dans tout processus de réforme. Certes, des auteurs comme Adolphe Prins affirmaient que durant la première moitié du

---

[1] BORCHIO FONTIMP Alexandra (Alpes-Maritimes - Les Républicains), Question écrite n°01722, 6e législature [en ligne], [consulté le 24 mai 2023].
[2] *Ibid.*
[3] VIENNOT Camille, « Célérité et justice pénale : L'exemple de la comparution immédiate », *Archives de politique criminelle*, 2007, p. 117-143.

XXe siècle, le personnel pénitentiaire « ne dispos[ait] guère des qualités morales nécessaires à une action réformatrice »[1], cependant, cette position a considérablement évolué à ce jour. En raison de leur contact constant avec les personnes privées de liberté, ils jouent un rôle essentiel dans la préservation de la dignité humaine. Excepté l'environnement carcéral, ils sont eux-mêmes responsables de nombreuses situations d'indignité. C'est pourquoi il est urgent de prendre certaines mesures les concernant, au nombre desquelles figure prioritairement le recrutement et la formation aux droits de l'homme. Tout au long de leur carrière, l'État est tenu de leur assurer régulièrement une formation professionnelle en phase avec l'évolution des droits humains. Leurs recrutements doivent également se faire en fonction de l'inflation pénitentiaire qui engendre rapidement un déficit d'agent.

137. Toutefois, il ne s'agit pas d'imposer uniquement des obligations au personnel pour garantir systématiquement la dignité humaine. Il est également nécessaire de revaloriser le statut des agents afin de rendre cette profession plus attrayante, ce qui n'est pas toujours le cas actuellement. Au-delà de la personne des détenus, l'environnement de travail ne doit pas être une source d'angoisse ou un obstacle à leur sécurité, encore moins à la bonne exécution de leurs missions. Ces mesures sont si nécessaires que la puissance publique ne peut s'en passer d'autant plus que « le manque de personnel, le manque ou l'absence de formation, le sentiment de malaise et d'insécurité font en sorte que le personnel est peu enclin à collaborer à l'humanisation de la

---

[1] MARY Philippe, « La politique pénitentiaire », *Courrier hebdomadaire du CRISP*, 2012, p. 5-47.

vie carcérale »[1]. La poursuite de l'effort d'humanisation des établissements pénitentiaires ne saurait se concevoir sans l'implication active du personnel.

---

[1] *Ibid.*

Conclusion partielle

138. La protection de la dignité humaine du détenu demeure ineffective au sein des États membres en raison de nombreuses défaillances structurelles, systémiques et fonctionnelles des conditions de détention. L'effectivité de cette protection repose sur la volonté des États, car il leur incombe d'intégrer dans leur ordre juridique interne les décisions des Cours régionales. Toute personne doit être incarcérée dans des conditions compatibles avec les exigences d'une société démocratique et d'un État de droit. Dans les deux systèmes, l'infrastructure est manifestement inadaptée en raison de la surpopulation carcérale flagrante qui tient en échec les politiques d'amélioration de l'univers carcéral. Les centres de détention sont confrontés à un problème d'insalubrité et d'hygiène causant ou aggravant les conditions sanitaires des détenus. En raison de leur vétusté, certains établissements sont inadaptés à la vulnérabilité liée à l'âge, au handicap ou aux maladies psychiques auxquelles font face certains détenus. Au niveau fonctionnel, l'administration carcérale même est parfois à l'origine de l'indignité. De nombreuses violences sont décriées dans les locaux de la police et dans les établissements pénitentiaires. Le manque de professionnalisme conduit certains agents à la violence ou à adopter des comportements visant à nuire, à humilier et à rabaisser les personnes privées de liberté. Or, il est de jurisprudence constante que dans le maintien de la sécurité ou de l'ordre, tout usage de la force doit être strictement nécessaire et proportionnel au but recherché. S'il existe des contrôles internes et internationaux de ces établissements, l'indignité constante observable dans les deux systèmes montre à suffisance les carences de ces mécanismes. Il s'avère donc urgent, au-delà des réformes de façade, de repenser tout le système pénitentiaire afin qu'il soit conforme à la dignité de ces derniers. Elles doivent être envisagées au niveau régional et interne. Au niveau régional européen, les États doivent nécessairement être de bonne foi en appliquant systématiquement les décisions de la Cour européenne. L'action citoyenne est également un puissant moyen de pression sur les dirigeants afin qu'ils prennent en compte ces obligations. Au niveau régional africain, il est nécessaire d'envisager une réforme substantielle afin que les États parties se conforment aux décisions de la Cour. Au niveau interne, les États doivent envisager des réformes matérielles et fonctionnelles compatibles avec la dignité humaine. À cet égard, ils doivent d'urgence mettre en place un programme de réhabilitation, garantir un entretien constant des centres de détention, améliorer les législations en vigueur et assurer la formation continue des agents.

CONCLUSION

139. La dignité humaine est un concept dont le sens est profond. L'ensemble de son contenu normatif étant quasi inexistant dans les conventions, les juges de Strasbourg et d'Arusha se sont érigés en législateurs de cas particuliers afin de protéger les personnes incarcérées. *A priori*, on aurait pu penser que le défaut de ce concept dans la Convention européenne serait un obstacle majeur à la garantie de la dignité des détenus et qu'à l'inverse, la consécration dans la Charte africaine de deux formes de dignité serait le gage d'une protection plus renforcée. Au contraire, cette absence de consécration formelle a permis au juge européen de se comporter comme un électron libre en interprétant de manière extensive et intelligible les instruments conventionnels. Toutefois, son évocation demeure floue et aléatoire[1]. Excepté la question de la peine de mort, les juges sont presque unanimes sur le contenu normatif de la dignité. Contrairement au juge européen, le juge africain considère que l'exécution de la peine capitale n'est pas contraire à la dignité humaine dès lors qu'elle n'est pas obligatoire, prévue par la législation nationale et exécutée à la suite d'un procès équitable. Le critère du fameux seuil d'évocation de la dignité humaine peut paraître incompatible avec la protection du détenu, car les juges reconnaissent eux-mêmes qu'il n'existe pas à ce jour un critère objectif pour la détermination de ce taux de gravité et qu'il faut apprécier de manière casuistique chaque situation. Il n'est donc pas évident que ce seuil soit toujours évalué objectivement. Comment détermine-t-on le taux de souffrance enduré par un détenu ? Cette question n'est pas si simple à répondre alors qu'il est de jurisprudence constante que la dignité est violée lorsque l'individu est soumis à une souffrance intense. Une situation

---

[1] GREWE Constance, « La dignité de la personne humaine dans la jurisprudence de la Cour européenne des droits de l'homme », *Revue générale du droit*, Études et réflexions 2014, numéro 3.

apparemment banale peut, en réalité, engendrer une souffrance disproportionnée chez un détenu par rapport à un autre.

140. Les États demeurent tous confrontés aux mêmes difficultés dans la protection de la dignité du détenu, comme en témoigne la défaillance des conditions matérielles et fonctionnelles des établissements pénitentiaires. Ils éprouvent des difficultés à mettre en œuvre les obligations positives qui pèsent sur eux quant à la compatibilité des conditions de détention avec le respect de la dignité humaine. Cette situation laisse penser qu'il n'existe pas une réelle volonté politique de part et d'autre dans la mise en application des exigences des juges. En revanche, toute protection authentique de la dignité du détenu nécessite, sans complaisance, des réformes au niveau régional et interne. Si aujourd'hui, les droits de l'homme et spécialement la dignité humaine ont franchi frontalement les portes de la prison, « de nombreux lieux sont encore à visiter ou à revisiter, car le respect des droits fondamentaux est une tâche qui ne sera jamais achevée »[1].

---

[1] TULKENS Françoise, *op.cit.*, p. 425-448.

INDEX THÉMATIQUE

D

E

F

G

H

I

J

L

M

N

O

P

R

S

T

U

V

BIBLIOGRAPHIE

I. Dictionnaires

CABRILLAC Rémy, *Dictionnaire du vocabulaire juridique 2021*, LexisNexis, 2020, 552 p.

CHAGNOLLAUD Dominique ; DRAGO Guillaume, *Dictionnaire des droits fondamentaux*, Dalloz, 2007, 751 p.

CORNU Gérard, *Vocabulaire juridique*, PUF, Dictionnaires Quadrige, 2020, 1152 p.

CORNU Gérard, *Vocabulaire juridique*, PUF, 2018, 1104 p.

DEBARD Thierry ; GUINCHARD Serge, *Lexique des termes juridiques 2022-2023*, Dalloz, 2022, 1200 p.

LALANDE André, *Vocabulaire technique et critique de la philosophie*, PUF, 1988, 1347 p.

PUIGELIER Catherine, *Dictionnaire juridique*, Bruxelles, Bruylant, 2020, 1266 p.

SALMON Jean, *Dictionnaire de droit international public*, Bruxelles, Bruylant, 2001, 1198 p.

II. Ouvrages généraux

DE LANVERSIN Jacques, *Les droits de l'homme et le bonheur en plus*, Paris, Economica, 1989, 221 p.

DENIZEAU Charlotte, *Droit des libertés fondamentales*, Vuibert, 2022-2023, 448 p.

FAVOREU Louis ; GAÏA Patrick ; PENA Annabelle ; ROUX André ; SOFFONI Guy ; DUFFY Aurélie ; FASSASSI Idris ; LE BOT Olivier ; PECH Laurent, *Droit des libertés fondamentales*, Dalloz, 2021, 720 p.

HENNETTE-VAUCHEZ Stéphanie, *Droits de l'homme et libertés fondamentales*, Dalloz, 2022, 832 p.

HENNETTE-VAUCHEZ Stéphanie, *La déclaration universelle des droits de l'Homme,* Dalloz, 2018, 154 p.

LEBRETON Gilles, *Libertés publiques et droits de l'Homme*, Sirey Université, 2009, 569 p.

MELIN-SOUCRAMANIEN Ferdinand, *Libertés fondamentales*, Dalloz, 2021, 260 p.

OBERDORFF Henri, *Droits de l'homme et libertés fondamentales*, LGDJ, 2021, 768 p.

SCHWARZ-LIEBERMANN von WAHLENDORF Hans-Albrecht, *Droit comparé, théorie générale et principes*, Paris, LGDJ, 1978, 260 p.

WACHSMANN Patrick, *Les Droits de l'homme*, Dalloz, 2018, 198 p.

WACHSMANN Patrick, *Liberté publiques*, Dalloz, 2021, 927 p.

III. Ouvrages spécialisés

AKANDJI-KOMBE Jean-François, *Les obligations positives en vertu de la Convention européenne des Droits de l'Homme. Un guide pour la mise en œuvre de la Convention européenne des Droits de l'Homme*, Précis sur les droits de l'homme n°7, 2006, 76 p., [consulté le 9 janvier 2024], https://rm.coe.int/168007ff61

BADINTER Robert, *L'abolition de la peine de mort*, Dalloz, 2007, 211 p.

BADUGUE Patrick, *Manuel de la Cour africaine des droits de l'homme et des peuples*, L'Harmattan, 2020, 301 p.

BERNAZ Nadia, *Le droit international et la peine de mort*, Paris, La Documentation française, 2008, 314 p.

BURGORGUE-LARSEN Laurence, *La dignité saisie par les juges en Europe*, Anthemis, 2010, 262 p.

BURGORGUE-LARSEN Laurence, *Les 3 Cours régionales des droits de l'homme, in context. La justice qui n'allait pas de soi*, Editions PEDONE, 2020, 598 p.

CASSIA Paul, *Dignité (s). Une notion juridique insaisissable* ?, Dalloz, 2016, 148 p.

CERE Jean-Paul, *La prison*, Dalloz, 2016, 163 p.

CHAZOT Rolande, VIOLET Franck, *La souffrance en prison*, L'Harmattan, 2020, 156 p.

CONTRÔLEUR GÉNÉRAL DES LIEUX DE PRIVATION DE LIBERTÉ FRANCE, L'intimité au risque de la privation de liberté, Dalloz, 2022, 222 p.

D'ONORO Joel-Benoît, *La dignité au regard du droit*, Actes du XXVIIe colloque national de la Confédération des Juristes catholiques de France, Edition Pierre TEQUI, 2015, 188 p.

DILENS Anne-Marie, VAN MEENEN Bernard, *La dignité aujourd'hui. Perspective philosophiques et théologiques, Facultés universitaires de Saint-Louis*, Bruxelles, 2007, 247 p.

FEUILLET-LIGER Brigitte, ORFALI Kristina, *La dignité de la personne : quelle réalité ? Panorama international*, Bruylant, 2016, 502 p.

GABRIEL Marcel, *La dignité humaine et ses assises existentielles*, Edition Aubier-Montaigne, 1964, 219 p.

HERZOG-EVANS Martine, *Droit pénitentiaire*, Dalloz, 2012, 1075 p.

KAMTO Maurice, *La Charte africaine des droits de l'homme et des peuples et le protocole y relatif portant création de la Cour africaine des droits de l'homme commentaire article par article*, Bruylant, 2011, 1628 p.

La saisine individuelle dans les juridictions régionales des droits de l'homme [en ligne], [s. n.], 2023, 112 p., [consulté le 29 avril 2025].

MANET Martial, *Le devenir juridique de la dignité. Une étude de la Charte africaine des droits de l'homme et des peuples*, L'Harmattan, 2019, 174 p.

MARGUENAUD Jean-Pierre, *La Cour européenne des droits de l'homme*, Dalloz, 2016, 212 p.

MARY Philippe, PAPATHEODOROU Théodore, *La surpopulation pénitentiaire en Europe, De la détention avant jugement à la libération conditionnelle*, Bruylant, 1999, 198 p.

MELIN-SOUCRAMANIEN Ferdinand, *Les Constitutions de la France de la Révolution à la IVe République*, Dalloz, 2009, 333 p.

MEREU Italo, *La mort comme peine*, Éditions Larcier, 2012, 240 p.

MODERNE Franck, *La Convention européenne des droits de l'homme*, Dalloz, 2019, 128 p.

NOAUZI KEMKENG Carole Valérie, *La protection des droits de l'homme en Afrique. L'interaction entre la Commission et la Cour africaines des droits de l'homme et des peuples,* L'Harmattan, 2020, 273 p.

OUGUERGOUZ Fatsah, *La Charte africaine des droits de l'homme et des peuples. Une approche juridique des droits de l'homme entre tradition et modernité*, Paris, PUF, 1993, 479 p.

PORTELLI Serge, *La torture*, Dalloz, 2017, 260 p.

SOMA Abdoulaye et DABIRÉ Samson Mwin Sôg Mè, *Commentaire des grands arrêts de la Cour africaine des droits de l'Homme et des peuples*, L'Harmattan, 2022, 334 p.

IV. Ouvrages non juridiques

BADINTER Robert, *Contre la peine de mort*, Librairie générale française, 2008, 316 p.

D'AQUIN Thomas, *Somme théologique*, Edition numérique, Bibliothèque de l'édition du Cerf, 1984, 3426 p.

FOUCAULT Michel, *Surveiller et punir*, Paris, Gallimard, 1975, 318 p.

HUGO Victor, *Le dernier jour d'un condamné,* Livre de poche, Galimard, 2009, 288 p.

KEIL Patrick, *Du barreau aux barreaux : la descente aux enfers du juge de l'affaire Festina*, Jean-Claude Gawsewitch Éditeur, 2009, 281 p.

WEIL Simone, *L'enracinement, prélude à une déclaration des devoirs envers l'être humain*, Gallimard 1949, 256 p.

V. Thèses et mémoires

AHMED Moussa, *Les droits de l'homme détenu : Étude comparative des droits français et égyptien*, Thèse de doctorat Droit, Paris 2, 2002, 589 p.

BONNE-HARBIL AURELIE, *Droit et santé en détention* [microfiche], LEH édition, 2018, 536 p.

COLOMBINE Madelaine, *La technique des obligations positives en droit de la Convention européenne des droits de l'Homme*, Dalloz, 2014, 572 p.

DABIRÉ Samson Mwin Sôg Mè, *La dérogation aux droits de l'homme en Afrique* [microfiche], Schulthess Editions romandes, 2021, 503 p.

DEHOULE BEHIBRO Philippe, *La dignité humaine dans la jurisprudence de la Cour africaine des droits de l'homme et des peuples*, Thèse de doctorat Droit, Université Felix Houphouët-Boigny, 2024, 519 p.

HANFFOU NANA Sarah, *La Cour africaine des droits de l'Homme et des peuples. Étude à la lumière de l'expérience européenne*, Connaissance et Savoir, 2016, 556 p.

HARDMAN Philippa, *The Origins of Late Eighteenth-Century Prison Reform in England*, PhD thesis, University of Sheffield, 2007, 407 p.

JORGE Mara Zenaide Abambres, *La charte africaine des droits de l'homme et des peuples* [en ligne], phdthesis, Université Panthéon-Sorbonne - Paris I, 2021, 351 p.

KOULADOUMADJI Charles, *L'exécution des décisions de la cour africaine des droits de l'homme et des peuples par les États,* Mémoire de recherche, droit public, l'Université de Yaoundé II, 2021.

LESSENE Ghislain Patrick, *Vers la consécration d'un principe de la légalité des lieux de détention. L'exemple de l'Afrique subsaharienne francophone*, LGDJ, 2012, 440 p.

MANET MARTIAL, *Les figurations du peuple* [microfiche], Éditions A. Pedone, 2024, 397 p.

MAURER Béatrice, *Le principe de respect de la dignité humaine et la Convention européenne des droits de l'homme*, Thèse de doctorat Droit public, Montpellier 1, 1999, 555 p.

POIRIER Christophe, *La réclusion criminelle à perpétuité* [microfiche], mare & martin, 2023, 724 p.

SIMON Anne, *Les atteintes à l'intégrité des personnes détenues imputables à l'État : contribution à la théorie des obligations conventionnelles européennes : l'exemple de la France*, Thèse de doctorat Droit, Université Panthéon-Sorbonne - Paris I, 2013, 655 p.

YORO-DADIE Maryvonne Alice, *La contribution de la commission africaine des droits de l'homme et des peuples à la protection des droits des détenus*, LGDJ, 2023, 608 p.

YOUHNOVSKI-SAGON Anne-Laure, *Le droit de la vie humaine*, Dalloz, 2023, 912 p.

VI. Articles, notes, chroniques et recensions d'ouvrages

ALBRAND Louis Étienne, « Conséquences psychosomatiques de la réclusion criminelle à perpétuité », *Études sur la mort*, 2012, p. 33-35.

ANDRIANTSIMBAZOVINA Joël, « Rapport de synthèse. Une modernisation progressive du droit des détenus », in DEFLOU Arnaud, *Le droit des détenus. Sécurité ou réinsertion ?*, Dalloz, 2010, p. 159-165.

Association Vacarme « Violences policières, les situer pour mieux y résister », *Vacarme*, 2016, n°4, p. 8-23.

AUBUSSON DE CAVARLAY Bruno, « Les lourdes peines dans la longue durée », *Comment sanctionner le crime ?* Érès, 2002, p. 51-60.

AUDEGEAN Philippe et IPPOLITO Dario, « « La peine de mort n'est donc pas un droit. » La décision abolitionniste de Beccaria » [en ligne], *Histoire de la justice*, Association Française pour *l'Histoire de la Justice*, 2023, [consulté le 22 mai 2025].

AUGE Marc, « Droits de l'homme et relativisme culturel », *Revue internationale de psychosociologie*, 2004, p. 95-97.

BADARA FALL Alioune, « La Charte africaine des droits de l'homme et des peuples : entre universalisme et régionalisme », *Pouvoirs*, 2009, p. 77-100.

BAH Henri, « La carte d'identité des droits de l'homme : À la quête d'une identité aux enjeux multiples », *Les lignes de Bouaké-la-Neuve*, 2010, n°1, p. 1-22.

BARTON Justine, « Du couloir de la mort aux emmurés vivants », in AILINCAI Anca, PIVETEAU Charlotte, DRICI Nordine, *Peine de mort et droits de l'homme pour des standards internationaux de protection spécifiques aux personnes passibles de la peine de mort ou condamnées à mort*, A. Pedone, 2024, p. 99.

BEN ACHOUR Rafaâ, « La Convention européenne et la Charte africaine » [en ligne], Persée - Portail des revues scientifiques en SHS, 2020, [consulté le 11 juin 2025], https://www.persee.fr/doc/rqdi_0828-9999_2020_hos_1_1_2511

BENCHIKH Madjid, « La dignité en droit international », in M.L. PAVIA et T. REVET, *La dignité de la personne humaine*, Economica, 1999, p. 47.

BENGHOZI Muriel, « La privatisation des prisons et la recherche », *Déviance et société*, 1987, n°4, p. 381-399.

BERNAULT Florence, « Introduction » *Enfermement, prison et châtiments en Afrique. Du 19e siècle à nos jours*, Karthala, 1999, p. 13-14.

BESSOLES Philippe, « Torture et temporalité. Contribution à une sémiologie de « psychose traumatique », *Cahiers de psychologie clinique*, 2004, n°1, p. 141-157.

BODIN Dominique, ROBENE Luc, HEAS Stéphane, SEMPE Gaëlle, « Le sport en prison : entre insertion et paix sociale. Jeux, enjeux et relations de pouvoirs à travers les pratiques corporelles de la jeunesse masculine incarcérée », Revue d'histoire de l'enfance « irrégulière » [En ligne], 2007, mis en ligne le 27 janvier 2009, consulté le 04 juin 2024, http://journals.openedition.org/rhei/2213

BONI Tanella, « La dignité de la personne humaine : De l'intégrité du corps et de la lutte pour la reconnaissance », *Diogène*, 2006, n°3, p. 65-76.

BONIS Évelyne, DERASSE Nicolas, ALIX Julie et al., « LES LONGUES PEINES », *Mission de Recherche Droit et Justice ; Université de bordeaux ; Université de Lille ; École Nationale d'Administration Pénitentiaire*, 2020, p. 16, [consulté le 21 mai 2025], https://hal.science/hal-03132281/file/17-33-Rapport-final.pdf

BOUAGGA Yasmine, « Une mondialisation du « bien punir » ? La prison dans les programmes de développement », *Mouvements*, 2016, n° 4, p. 50-58.

BOUDON-MILLOT Véronique, « "Que ton alimentation soit ta meilleure médecine !" » ou la fortune exceptionnelle d'un adage pseudo-hippocratique », *Revue des Études Grecques*, 2016, p. 329-348.

BOUTTIER-VERON Sophie, « Réflexions autour de l'incarcération des mineurs : le point de vue d'un juge des enfants », *Nouvelle Revue de l'Enfance et de l'Adolescence*, 2020, n° 2, p. 197-211.

BRUNET Louis, « Terrorisme, violence de masse et radicalisation. Du Moi idéal au désengagement identificatoire », *Le Carnet PSY*, 2015, n°6, p. 48-51.

BUISSON Jacques, « Le contrôle des établissements pénitentiaires », *Revue française d'administration publique*, 2001, p. 479-490.

BURGORGUE-LARSEN Laurence, « La Cour africaine des droits de l'homme et des peuples à la croisée des chemins », *Annuaire français de droit international*, 2020, p. 631-659.

BURGORGUE-LARSEN Laurence, NTWARI Guy-Fleury, « Chronique de jurisprudence de la Cour africaine des droits de l'homme et des peuples (2020) », *Revue trimestrielle des droits de l'homme*, 2021, p. 991-1046.

CARBASSE Jean-Marie, « La peine de mort dans l'Antiquité : la Bible, la Grèce, Rome », *La peine de mort*, PUP, 2011, p. 9-30.

CHALANOULI Christina, « L'évolution de la peine de mort dans la Grèce moderne : réflexion sur l'opposition entre peine capitale et dignité humaine », *Études sur la mort*, 2012, p. 95-106.

CLIQUENNOIS Gaëtan, CARTUYVELS Yves, CHAMPETIER Brice, « Le contrôle judiciaire européen de la prison : les droits de l'homme au fondement d'un panoptisme inversé ? », *Déviance et Société*, 2014, p. 491-519.

CONCHE Marcel, « La liberté, propre de l'homme », *L'Enseignement philosophique*, 2012, n°1, p. 4-12.

CORTEN Olivier, « La banalisation de la torture comme un instrument de lutte contre le terrorisme : comme au cinéma ? », *Revue interdisciplinaire d'études juridiques*, 2017, n°2, p. 229-251.

DELARUE Jean-Marie, « Prisons et relations carcérales », Études, 2010, n°12, p. 609-630.

DEMBELE Koumba, « Les ONG protectrices des droits humains en concurrence entre elles et avec les organisations intergouvernementales », *Civitas Europa*, 2020, p. 317-332.

DEMONT Vincent, SAYAH Ali, « Peine de mort menace dissuasive ou effet pervers ? », *Études sur la mort*, 2012, p. 79-94.

DENANS Julien, LEON Julien, « Violence en prison : une perspective clinique auprès des surveillants pénitentiaires », *Bulletin de psychologie*, 2016, n°5, p. 331-343.

DIAGNE Souleymane Bachir, « Philosophie africaine et Charte africaine des droits de l'homme et des peuples », *Critique*, 2011, p. 664-671.

DROSS William, « L'identité des concepts juridiques : quelles distinctions entre concept, notion, catégorie, qualification, principe ? », *Critique et usage des concepts en droit*, 2012, p. 2229-2235.

FERCOT Céline, « Les effets des arrêts de la Cour européenne des droits de l'homme en droit allemand. Analyse de la jurisprudence récente de la Cour de Karlsruhe et regards sur le droit français », *Revue française de droit constitutionnel*, 2007, n°3, p. 639-665.

FRECON Guy, « Chapitre 1. Savoir définir et quantifier un concept », *Formuler une problématique. Dissertation, Mémoire, Thèse, Rapport de stage*, 2012, p. 5-10.

FROMENT Jean-Charles, « La réforme pénitentiaire en France. Débats intemporels, évolutions conjoncturelles », *Droit et société*, 2011, n°2, p. 371-389.

GANNAGE Léna, « Le relativisme des droits de l'homme dans l'espace méditerranéen. Regards du Proche-

Orient sur la reconnaissance en France des répudiations de droit musulman », *Revue internationale de droit comparé*, 2006, p. 101-116.

GILLOT-ASSAYAG Laure, « La santé en prison : les vulnérabilités des prisonniers à la lumière du droit », Érès, *Revue française d'éthique appliquée*, 2022, n°12, p. 155-170.

GRELLEY Pierre, « Contrepoint - Famille, parenté et éducation en Afrique », *Informations sociales*, 2009, n° 154, p. 21.

GREWE Constance, « La dignité de la personne humaine dans la jurisprudence de la Cour européenne des droits de l'homme », *Revue générale du droit, Études et réflexions 2014*, [en ligne], numéro 3, [consulté le 16 mars 2024], www.revuegeneraledudroit.eu

GUILBAUD Fabrice, « La privatisation des prisons. Entre marché et « dogme » sécuritaire », *Prisons sous tensions*, *Champ social*, 2011, p. 189-220.

HARRA- MASMOUDI Wafa, « Le statut du détenu malade », *Droit, Santé et Société*, 2018, n°5-6, p. 59-77.

HAZAN Adeline, « Surpopulation carcérale : le fléau français », *Après-demain*, 2018, n°1, p. 4-5.

HENNETTE-VAUCHEZ Stéphanie, « Le principe de dignité de la personne humaine socle des droits fondamentaux de la personne détenue ? », in BOUSSARD Sabine, *Les droits de la personnes détenus, après la loi pénitentiaire du 24 novembre 2009*, Dalloz, 2013, p. 41-51.

HOFFMASTER B., "What Does Vulnerability Mean", *The Hastings Center Report*, March-April 2006, n°2, p. 38-45.

HOURQUEBIE Fabrice, « L'indépendance de la justice dans les pays francophones », *Les Cahiers de la Justice*, 2012, n° 2, p. 41-61.

JACCOUD Mylène, BRASSARD Renée, « Savoirs criminologiques et autochtonie », *Déviance et Société*, 2008, n°4, p. 395-409.

KAGINA Benjamin, « Le mécanisme de suivi des décisions de la Cour africaine des droits de l'homme et des peuples : entre tâtonnement et nécessité de s'affirmer », *Cahiers de la recherche sur les droits fondamentaux* [en ligne], publié le 01 mai 2022, [consulté le 18 avril 2024], https://journals.openedition.org/crdf/8153

KEMP Peter, « Du bon usage de l'idée de dignité », *Diogène*, 2016, n° 253, p. 91-96.

KONATE Dior « Sénégal : l'emprisonnement des femmes, de l'époque coloniale à nos jours », *Revue française d'histoire d'outre-mer*, 1999, n°324-325, p. 79-98.

KRENC Frédéric, « L'État de droit : une exigence à clarifier, un édifice à préserver », *Revue trimestrielle des droits de l'homme*, 2021, n°128, p. 775-790.

KRIEBAUM Ursula, « Prévention de la torture en Europe, Modus operandi du CPT », Brochure n°4 de l'association pour la prévention de la torture (APT) [en ligne], [consulté le 10 mai 2024].

LALOUETTE Jacqueline, « « Conclusion », La Séparation des Églises et de l'État » », *Genèse et développement d'une idée 1789-1905*, Le Seuil, 2005, p. 417-423.

LAMBERT-ABDELGAWAD Elisabeth, « L'exécution des décisions des juridictions internationales des droits de l'homme : vers une harmonisation des systèmes régionaux », *Anuario colombiano de derecho internacional*, 2010, p. 14.

LAMRABET Asma, « La lapidation, un châtiment pour les femmes adultères ? », *Islam et femmes. Les questions qui fâchent*, En toutes lettres, 2021, p. 87-97.

LE BRAS Hervé, « Origines du peuple. Le sol, le sang et l'État », dans : Michel Wieviorka éd., Le peuple existe-t-il ? Auxerre, *Éditions Sciences Humaines*, « Les entretiens d'Auxerre », 2012, p. 41-51.

LE MARCIS Frédéric, « Épidémies et Covid-19 dans les prisons africaines : l'occasion d'une approche de la santé vraiment globale », *Santé Publique*, 2020, n°5-6, p. 583-587.

LE MARCIS Frédéric, « Le destin de Yacou « le Chinois », Carrière criminelle et devenir de la Côte d'Ivoire au prisme de la prison », *Afrique contemporaine*, 2017, n°3-4, p. 85-101.

LE MARCIS Frédéric, MORELLE Marie, « Dire la prison africaine par les cartes », *Politique africaine*, 2019, n°3, p. 5-24.

LECERF Jean-René, « Le contrôle non juridictionnel des prisons », *Pouvoirs*, 2010, n°4, p. 121-134.

MARY Philippe, « La politique pénitentiaire », *Courrier hebdomadaire du CRISP*, 2012, n°12, p. 5-47.

MASSIAS Florence, « La protection de la santé et de la dignité du détenu par la jurisprudence de la Cour européenne des droits de l'homme », *Cahiers de la recherche sur les droits fondamentaux*, [en ligne], publié le 18 décembre 2020, [consulté le 27 avril 2023], https://journals.openedition.org/crdf/7456

MAZZONI Cosimo Marco, « Dignité et droits humains » in Feuillet - Liger, B. et Orfali, K., *La dignité de la personne : quelles réalités ?*, 1ere édition, Bruxelles, Bruylant, 2016, p. 171-188.

MOREAU DE BELLAING Cédric, « Violences illégitimes et publicité de l'action policière », *Politix*, 2009, n°3, p. 119-141.

MORELLE Marie, « Être détenu à la prison centrale de Yaoundé (Cameroun) : une géographie du corps incarcéré », *L'Information géographique*, 2016, n°2, p. 93-113.

MORELLE Marie, « La prison centrale de Yaoundé : l'espace au cœur d'un dispositif de pouvoir », *Annales de géographie*, 2013, n°3, p. 332-356.

MORELLE Marie, LE MARCIS Frédéric, « Ecosystème punitifs et prisons en Afrique », [en ligne], [consulté le 21 mai 2023], https://books.openedition.org/

NEDERLANDT Olivia, « Les agents pénitentiaires : des ambassadeurs de l'État de droit. La Cour constitutionnelle belge valide la loi du 23 mars 2019 qui règle l'organisation des services pénitentiaires et prévoit un service minimum garanti en temps de grève en prison », *Revue trimestrielle des droits de l'Homme*, 2022, n°3, p. 623-658.

NERI Kiara, « La notion de dignité humaine, fondement de l'émergence de nouveaux droits de l'homme ou nouveau droit substantiel ? » in Doumbé-Billé, St. (dir.), *Nouveaux droits de l'homme et internationalisation du droit*, Bruylant, 2012, p. 53-79.

OLINGA Alain Didier, « La première décision au fond de la Cour africaine des droits de l'homme et des peuples », La Revue des droits de l'homme [en ligne], [consulté le 31 mai 2023], https://journals.openedition.org/

OUGUERGOUZ Fatsah, « Chapitre V. Les droits des peuples », *La Charte africaine des droits de l'homme et des peuples*, Graduate Institute Publications, 1993, [en ligne], https://books.openedition.org/iheid/2200?lang=fr

PAVOT David, « Le retrait de la déclaration du Rwanda permettant aux individus et ONG de saisir la Cour africaine des droits de l'homme et des peuples », *Revue québécoise de droit international*, 2017, p. 221-237.

PERRAKIS Stelios, « Le juge grec et la Cour de Strasbourg », in TAVERNIER, Paul (dir.), *Quelle Europe pour les droits de l'homme ?,* Bruylant, 1996, p. 171.

PONCELA Pierrette, « Longues, trop longues peines », *Revue de science criminelle et de droit pénal comparé*, 2013, n°3, p. 625-634.

PONSARD Régis, « De la nécessité des concepts dans l'analyse du droit. Fabriquer consciemment des instruments d'analyse scientifiquement autonomes, ajustés et visionnaires », *Revue française de droit constitutionnel*, 2019, n° 120, p. 797-824.

ROSTAING Corinne, « Conclusion. De la dégradation à la dignité », *Une institution dégradante, la prison*, Gallimard, 2021, p. 255-273.

ROTH Robert, « Survol de l'histoire de la prison pénitentiaire », *Pratiques pénitentiaires et théorie sociale. L'exemple de la prison de Genève (1825 - 1862)*, Librairie Droz, « Travaux de Sciences Sociales », 1981, p. 169-180.

RUOF MARY C., "Vulnerability, Vulnerable Populations and Policy", *Kennedy Institue of Ethics Journal*, 2004, n°4, p. 411-425.

SÄGESSER Caroline, « Les droits de l'homme », *Dossiers du CRISP*, 2009, n°2, p. 9-96.

SAMBUC Cléa, LE COZ Pierre, « La dignité humaine kantienne : une justification théorique des transplantations d'organes ? », *Raison publique*, 2012, n° 17, p. 219-238.

SIRONI Françoise, BRANCHE Raphaëlle, « La torture aux frontières de l'humain », *Revue internationale des sciences sociales*, 2002, n°4, p. 591-600.

SNACKEN Sonja, « Les structures européennes de contrôle des administrations pénitentiaires. Le rôle et l'impact du Conseil de l'Europe et du Comité de Prévention de la Torture », *Déviance et Société*, 2014, p. 405-423.

SNACKEN Sonja, « Les structures européennes de contrôle des administrations pénitentiaires. Le rôle et l'impact du Conseil de l'Europe et du Comité de Prévention de la Torture », *Déviance et Société*, 2014, n°4, p. 405-423.

STAHL Paul-Henri, « Le vocabulaire de la décapitation », *Histoire de la décapitation*, PUF, 1986, p. 101-107.

TAMBA Irène, « » Le peuple » : un nom collectif, une notion ambivalente », dans : Michel Wieviorka éd., Le peuple existe-t-il ? Auxerre, *Éditions Sciences Humaines*, « Les entretiens d'Auxerre », 2012, p. 15-26.

TIEHI Judicaël Elisée, « L´exécution minimaliste de l´arrêt de la Cour africaine des droits de l´homme et des peuples dans l´affaire « Actions pour la protection des droits de l´homme (APDH) c. République de Côte d´Ivoire » : much ado about nothing ? », *La Revue des droits de l'homme* [en ligne], [consulté le 16 avril 2024], https://journals.openedition.org/

TOURAUT Caroline, « Corps vieillissants en prison : expérience des personnes détenues « âgées » », *Gérontologie et société*, 2015, n°1, p. 111-122.

TOURAUT Caroline, *La famille à l'épreuve de la prison* [en ligne], Lien Soc., Presses Universitaires de France, 2012, [consulté le 22 mai 2025].

TOURÉ Hamadoun Hassèye, « Le serment des chasseurs du Manden, la Charte de Kurukanfuga et la problématique des droits humains », *Revue Malienne De Langues Et De Littératures*, mars 2020, n° 003, p. 1-16, https://www.revues.ml/index.php/rmll/article/view/1538

STULKENS Françoise, « Les prisons en Europe. Les développements récents de la jurisprudence de la Cour européenne des droits de l'homme », *Déviance et Société*, 2014, n°4, p. 425-448.

VERNET Alain, BOUTET Cyril, AUBERT Jean-François et al., « Le respect de la dignité de la personne humaine. Précisions sémantiques et conceptuelles à propos de cet impératif catégorique », *L'information psychiatrique*, 2016, p. 231-240.

VIENNOT Camille, « Célérité et justice pénale : L'exemple de la comparution immédiate », *Archives de politique criminelle*, 2007, n°1, p. 117-143.

WACHSMANN Patrick, « Dans le leurre du seuil » sur la détermination de l'applicabilité de l'article 3 de la convention européenne des droits de l'homme », *Mélanges en l'honneur d'Elisabeth Zoller, Penser le droit à partir de l'individu*, Dalloz, 2018, p. 203-225.

WIEVIORKA Michel, « Le peuple », dans : Michel Wieviorka éd., Le peuple existe-t-il ? Auxerre, *Éditions Sciences Humaines*, « Les entretiens d'Auxerre », 2012, p. 5-13.

ZOLLER Élisabeth, « La dignité de la personne humaine dans la jurisprudence de la Cours suprême des États-Unis », Conférence-débat du CDPC sur la dignité de la personne humaine, Cycle, « Les valeurs du droit public », 30 octobre 2014 [en ligne], [consulté le 20 mars 2024], https://centre-droit-public-compare.assas-universite.fr/

VII. Articles de presse

BOSQUET Sarah, « Précarité menstruelle en prison : à quand la gratuité ? » [en ligne], publié le 12 mars 2020, [consulté le 20 avril 2024], https://blogs.mediapart.fr/

DE LA ROCHE SAINT-ANDRE Elsa, « que sait-on des conditions de détention de Salah Abdeslam ? » [en ligne], publié le 13 septembre 2021 [consulté le 30 mars 2024], https://www.liberation.fr/

SUDINFO, « Voici ce que coûte un détenu par jour à l'État belge : un budget énorme, mais en diminution par rapport à 2016 », [en ligne], publié le 07/01/2019, [consulté le 20 avril 2024], https://www.sudinfo.be

Le New York Times, « Bien pire que la pendaison, la mort de Kemmler est un spectacle épouvantable. Il a fallu brancher le courant électrique deux fois avant que le crime ne soit pleinement accompli », 7 août 1890 [en ligne], [consulté le 22 avril 2023], https://timesmachine.nytimes.com

VIII. Jurisprudence

Cour européenne des droits de l'homme

CEDH, *A.A. c. Grèce*, Requête n°12186/08, arrêt du 22 juillet 2010.

CEDH, *Abdullah Öcalan c. Turquie (n°2)*, Requêtes n°s 24069/03, 197/04, 6201/06 et 10464/07, arrêt du 18 mars 2014.

CEDH, *Aksoy c. Turquie*, Requête n°21987/93, arrêt du 18 décembre 1996.

CEDH, *Al-Saadoon et Mufdhi c/ Royaume-Uni*, Requête n°61498/08, arrêt du 2 mars 2010.

CEDH, *Ananyev et autres c. Russie*, Requêtes n°s 42525/07 et 60800/08, arrêt du 10 janvier 2012.

CEDH, *Bamouhammad c. Belgique*, Requête n°47687/13, arrêt du 17 novembre 2015.

CEDH, *Beizaras et Levickas c. Lituanie*, Requêtes n°41288/15, arrêt du 14/05/2020.

CEDH, *Beverly Ann McCALLUM c. Italie*, Requête n°20863/21, arrêt du 21 Septembre 2022.

CEDH, *Bouyid c. Belgique*, Requête n°23380/09, arrêt du 28 septembre 2015.

CEDH, *Brusco c. France*, Requête n° 1466/07, arrêt du 14 octobre 2010.

CEDH, *Campbell et Fell c. Royaume-Uni*, Requête n°7819/77 ; 7878/77, arrêt du 28 juin 1984.

CEDH, *Centre de ressources juridiques au nom de valentin câmpeanu c. Roumanie*, Requête n°47848/08, arrêt du 17 Juillet 2014.

CEDH, *Contrada c. Italie* (n°2), Requête n° 7509/08, arrêt du 11 février 2014.

CEDH, *D et autres c. Roumanie*, Requête n°75953/16, arrêt du 14 janvier 2020.

CEDH, *Dorneanu c. Roumanie*, Requête n°55089/13, arrêt du 28 novembre 2017.

CEDH, dr. h., Gde Ch., arrêt *Hirst c. Royaume-Uni*, 6 octobre 2005.

CEDH, *Dybeku c. Albanie*, Requête n° 41153/06, arrêt du 18 décembre 2007.

CEDH, Dzieciak c. Pologne, Requête n° 77766/01, arrêt du 9 décembre 2008.

CEDH, *Ebedin Abi c. Turquie*, Requête n°10839/09, arrêt du 13 mars 2018.

CEDH, *El Shennawy c. France*, Requête n°51246/08, arrêt du 20 janvier 2011.

CEDH, *Fakailo et autres c. France*, Requête n° 2871/11, arrêt du 2 octobre 2014.

CEDH, *Frérot c. France*, Requête n°70204/01, arrêt du 12 juin 2007.

CEDH, *Géorgie c. Russie (I)*, Requête n°13255/07, arrêt du 3 juillet 2014.

CEDH, *Gülay Çetin c. Turquie*, Requête n°44084/10, arrêt du 5 mars 2013.

CEDH, *Güveç c. Turquie*, Requête n°70337/01, arrêt du 20 janvier 2009.

CEDH, *Helhal c. France*, Requête n°10401/12, arrêt du 19 février 2015.

CEDH, *Hüseyin Yıldırım c. Turquie*, Requête n°2778/02, arrêt du 3 mai 2007.

CEDH, *Irlande c. Royaume-Uni*, Requête n°5310/71, arrêt du 18 janvier 1978.

CEDH, *J.M.B. et autres c. France*, Requête n°9671/15 et 31 autres –voir liste en annexe, arrêt du 30 janvier 2020.

CEDH, *James Dewayne Nivette c. France*, Requêtes n° 44190/98, arrêt du 3 juillet 2001.

CEDH, *Kats et autres c. Ukraine*, Requête n°29971/04, arrêt du 3 avril 2001.

CEDH, *Keenan c. Royaume-Uni*, Requête n°27229/95, arrêt du 3 avril 2001.

CEDH, *Khider c. France*, Requête n°39364/05, arrêt du 9 juillet 2009.

CEDH, *Kochetkov c. Estonie*, Requête n° 41653/05, arrêt du 2 juillet 2009.

CEDH, *Kudla c. Pologne*, Requête n°30210/96, arrêt du 26 octobre 2000.

CEDH, *Léger c. France*, Requête n°19324/02, arrêt 11 avril 2006.

CEDH, *Lorsé c. Pays-Bas*, arrêt du 4 février 2003 ; commentaire JCP G, 2003.

CEDH, *Martzaklis et autres c. Grèce*, Requête n°20378/13, arrêt du 9 juillet 2015.

CEDH, *Mozer c. République de Moldova et Russie*, Requête n°11138/10, arrêt du 23 février 2016.

CEDH, *Murray c. Pays-Bas*, Requête n°10511/10, arrêt du 26 avril 2016.

CEDH, *Muršić c. Croatie*, Requête n°7334/13, arrêt du 20 octobre 2016.

CEDH, *N. c. Roumanie*, Requête n°59152/08, arrêt du 28 novembre 2017.

CEDH, *Nasr et Ghali c. Italie*, Requête n°44883/09, arrêt du 23 février 2016.

CEDH, *Öcalan c. Turquie*, Requête n°46221/99, arrêt du 12 mars 2003.

CEDH, *Poghossian c. Géorgie*, Requête n°9870/07, arrêt du 24 février 2009.

CEDH, *Popov c. France*, Requête n°s 39472/07 et 39474/07, arrêt du 19 janvier 2012.

CEDH, *Pretty c. Royaume-Uni*, Requête n 2346/02, arrêt du 29 avril 2002.

CEDH, *Price c. Royaume-Uni*, Requête n°33394/96, arrêt du 10 juillet 2001.

CEDH, *Rahimi c. Grèce*, Requête n°8687/08, arrêt du 5 avril 2011.

CEDH, *Ramirez Sanchez c. France*, Requête n°59450/00, arrêt du 4 juillet 2006.

CEDH, *Renolde c. France*, Requête n°5608/05, arrêt du 16 octobre 2008.

CEDH, *Ribitsch c. Autriche*, Requête n°18896/91, arrêt du 4 décembre 1995.

CEDH, *Rooman c. Belgique*, Requête n°18052/11, arrêt du 31 janvier 2019.

CEDH, *Sanchez-Sanchez c. Royaume-Unui*, Requête n°22854/20, arrêt du 3 novembre 2022.

CEDH, *Selmouni c. France*, Requête n°25803/94, arrêt du 28 juillet 1999.

CEDH, *Shlykov et autres c. Russie*, Requête n°78638/11 et 3 autres – voir liste en annexe, arrêt CEDH, *B.M. et autres c. France*, Requêtes nos 84187/17 et 5 autres, arrêt du 6 juillet 2023.

CEDH, *Shlykov et autres c. Russie*, Requête n°78638/11 et 3 autres – voir liste en annexe, arrêt du 19 janvier 2021.

CEDH, *Sy c. Italie*, Requête n°11791/20, arrêt du 24 janvier 2022.

CEDH, *Tyrer c. Royaume-Uni*, Requête n°5856/72, arrêt du 25 avril 1978.

CEDH, *Valašinas c. Lituanie*, Requête n°44558/98, arrêt du 24 juillet 2001.

CEDH, *Vincent c. France*, Requête n°6253/03, arrêt du 24 octobre 2006.

CEDH, *Vinter et Autres c. Royaume-Unui*, Requêtes nos 66069/09, 130/10 et 3896/10, arrêt du 9 juillet 2013, § 119.

CEDH, *Xiros c. Grèce*, Requête n°1033/07, arrêt du 9 septembre 2010.

CEDH, *Yankov c. Bulgarie*, Requête n°39084/97, arrêt du 11 décembre 2003.

CEDH, *Zarzycki c. Pologne*, Requête n°15351/03, arrêt du 12 mars 2013.

Cour africaine des droits de l'homme et des peuples

CADHP, *Alex Thomas c. République-Uni de Tanzanie*, Requête n° 005/2013, arrêt du 4 juillet 2019.

CADHP, *Ally Rajabu et autres c. République-Unie de Tanzanie*, Requête n°007/2015, arrêt du 28 novembre 2019.

CADHP, *Amini Juma c. République-Unie de Tanzanie*, Requête n°024/2016, arrêt du 30 septembre 2021.

CADHP, *Armand Guehi c. République-Unie de Tanzanie, intervention de la République de Côte d'Ivoire*, Requête n°001/2015, arrêt du 7 décembre 2018.

CADHP, *Armand Guéhi c. République-Unie de Tanzanie*, Requête n°001/2015, arrêt sur le fond et les réparations du 7 décembre 2018.

CADHP, *Bernard Anbataayela Mornah c. République du Bénin, Burkina Faso, République de Côte d'Ivoire, République du Ghana, États défendeurs République du Mali, République du Malawi, République de Tanzanie, République Tunisienne États intervenants : République Arabe Sahraouie Démocratique et République de Maurice*, Requête n° 028/2018, arrêt 22 septembre 2022.

CADHP, *Crospery Gabriel et Ernest Mutakyawa c. République-Unie de Tanzanie*, Requête n°050/2016, arrêt Du 13 février 2024.

CADHP, *Deogratius Nicholaus Jeshi c. République-Unie de Tanzanie*, Requête n°017/2016, arrêt du 13 février 2024.

CADHP, *Ghati Mwita c. République-Unie de Tanzanie*, Requête n° 012/2019, arrêt du 1er décembre 2022.

CADHP, *Hassan Bundala Swaga c. République-Unie de Tanzanie*, Requête N° 014/2017, arrêt du 7 novembre 2023.

CADHP, *Ibrahim Yusuph Calist Bonge et 2 autres, c. République-Unie de Tanzanie*, Requête n° 036/2016, arrêt du 4 décembre 2023.

CADHP, *John Lazaro c. République-Unie de Tanzanie*, Requête n°003/2016, arrêt du 7 novembre 2023.

CADHP, *Joseph John c. République-Unie de Tanzanie*, Requête n°005/2018, arrêt du 22 septembre 2022.

CADHP, *Léon Mugesera c. République du Rwanda*, Requête n° 012/2017, arrêt du 27 novembre 2020.

CADHP, *Lucien Ikili Rashidi c. République-Unie de Tanzanie*, Requête n°009/2015, arrêt du 28 Mars 2019.

CADHP, *Makungu Misalaba c. République-Unie de Tanzanie*, Requête n°033/2016, arrêt du 7 novembre 2023.

CADHP, *Robert John Pensais c. République-Unie de Tanzanie,* Requête n°013/2015, arrêt du 28 novembre 2019.

CADHP, *Romward William c. République-Unie de Tanzanie*, Requête n°030/2016, arrêt du 13 février 2024.

CADHP, *Sébastein Germain Ajavon c. République du Bénin*, Requête n°013/2017, arrêt au fond, 29 mars 2019.

CADHP, *Thomas Mgira c. République-Unie de Tanzanie*, Requête n° 003/2019, arrêt du 13 juin 2023.

CADHP, *Umalo Mussa c. République-Unie de Tanzanie*, Requête n° 031/2016, arrêt du 13 juin 2023.

Commission africaine des droits de l'homme et des peuples

Com. ADHP, *Commission africaine des droits de l'homme et des peuples c. Libye*, Communication n° 002/2013, 31 janvier 2013.

Com. ADHP, *Huri-Laws c. Nigeria*, Communication n°225/98, 6 octobre 2000, AHRLR 273.

Com. ADHP, *Interights & Ditshwanelo c. République de Botswana*, com. n°319/06, 14 novembre 2015, §85.

Commission européenne des droits de l'homme

CommEDH, 12 mars 1984, *Kirkwood c. Royaume Uni*, n° 10479/83.

Comité des droits de l'homme

Communication n° 806/1998 du 18 octobre 2000 CCPR/C/70/D/806/1998, *Eversley Thompson c. Saint-Vincent-et-les-Grenadines*.

Conseil constitutionnel français

CC, Décision n° 94-343/344 DC du 27 juillet 1994, *Loi relative au respect du corps humain et loi relative au don et à l'utilisation des éléments et produits du corps humain, à l'assistance médicale à la procréation et au diagnostic prénatal*.

Conseil d'État français

CE, 27 octobre 1995, *Commune de Morsang-sur-Orge*.

Cour suprême des Etats-Unis

US, *Turner v. Safley*, n° 85-1384, 13 janvier 1987.

IX. Textes, codes, documents officiels

Constitutions

Constitution algérienne du 1er novembre 2020.
Constitution ivoirienne du 8 novembre 2016.
Constitution suisse du 18 avril 1999.
Constitution portugaise du 25 avril 1976.

Constitution française du 4 octobre 1958.
Loi fondamentale allemande du 8 mai 1949.

Codes et lois

Loi n° 94-89 du 1er février 1994 instituant une peine incompressible et relative au nouveau code pénal et à certaines dispositions de procédure pénale, *Journal officiel de la République française*, 2 févr. 1994.

Loi n° 2000-516 du 15 juin 2000 renforçant la présomption d'innocence et les droits des victimes, *Journal officiel de la République française*, 16 juin 2000, art. 129.

Loi n° 2007-1545 du 30 octobre 2007 instituant un Contrôleur général des lieux de privation de liberté, *Journal officiel de la République française*, 31 octobre 2007.

Loi n° 2009-1436 du 24 novembre 2009 pénitentiaire, *Journal officiel de la République française*, 25 novembre 2009.

Loi n° 2021-403 du 8 avril 2021 tendant à garantir le droit au respect de la dignité en détention.

Conventions internationales

Charte africaine des droits de l'homme et des peuples du 27 juin 1981.

Charte des Nations unies du 26 juin 1945.

Convention américaine relative aux droits de l'homme du 22 novembre 1969.

Convention contre la torture et autres peines ou traitements cruels, inhumains ou dégradants du 10 décembre 1984.

Convention européenne des droits de l'homme du 4 novembre 1950.

Convention Internationale des Droits de l'Enfant du 20 novembre 1989.

Déclaration universelle des droits de l'homme du 10 décembre 1948.

Pacte international relatif aux droits civils et politiques du 6 décembre 1966.

Pacte international relatif aux droits économiques, sociaux et culturels du 16 décembre 1966.

Résolutions des Nations-Unies

Résolution 3452 (XXX) de l'AGNU sur la torture et autres peines ou traitements cruels, inhumains.

Résolution 45/113 de l'AGNU du 14 décembre 1990 sur la protection des mineurs privés de liberté.

Résolution n°62/149 l'AGNU de 2007 portant sur l'abolition de la peine de mort.

Résolution 45/111 du 14 décembre 1990 sur les Principes fondamentaux relatifs au traitement des détenus.

Recommandations du Conseil de l'Europe

Conseil de l'Europe, Recommandation n° R (89) 12 du Comité des Ministres du Conseil de l'Europe le 13 octobre 1989 sur l'éducation en prison.

Recommandation Rec (2001)10 du 19 septembre 2001 sur le code européen d'éthique de la police.

Recommandation Rec (2003)23 concernant la gestion par les administrations pénitentiaires des condamnés à perpétuité et des autres détenus de longue durée.

Recommandation Rec (2006)2-rev du Comité des Ministres aux États membres sur les Règles pénitentiaires européennes.

IX. Communications et Rapports

African Commission on Human & Peoples, Rights, Report of the Human rights promotion mission to the Gabonese Republic 13 - 18 january 2014 [en ligne], [consulté le 23 mai 2024], https://achpr.au.int/fr/

African Commission on Human & Peoples' Rights, Communiqué de Presse sur la Première Mission de Promotion de la Commission Africaine des Droits de l'Homme et des Peuples en République Démocratique de Sao Tomé-et-Principe (1er - 4 octobre 2019) 2014 [en ligne], [consulté le 23 mai 2024], https://achpr.au.int/fr/

CNDH, Rapport d'enquête, Impacts de la surpopulation sur les droits de l'homme dans les établissements pénitentiaires de Côte d'Ivoire, du 23 au 27 mai 2022, [en ligne], [consulté le 04 mai 2023], https://cndh.ci/

Commission africaine des droits de l'homme et des peuples, Comité pour la Prévention de la Torture en Afrique [en ligne], [consulté le 23 mai 2024], https://achpr.au.int/fr/

Commission africaine des droits de l'homme et des peuples, Rapporteur spécial sur les prisons, les conditions de détention et le maintien de l'ordre en Afrique - 79OS [en ligne], [consulté le 23 mai 2024], https://achpr.au.int

Conseil d'État, « Réflexions sur les autorités administratives indépendantes », *Rapport public pour 2001, Etudes et documents*, n°52, mars 2001.

Conseil exécutif de l'Union africaine, *Rapport d'activité de la Cour africaine des droits de l'homme et des peuples, 7 novembre -2 décembre 2022*, 42e session ordinaire, 16 janvier - 16 février 2023, Addis-Abeba (Éthiopie), https://au.int/fr

Conseil exécutif de l'Union africaine, *Rapport d'activité de la Cour africaine des droits de l'homme et des peuples, 1er janvier-31 décembre 2019*, 36e session ordinaire, Addis-Abeba, 6-7 février 2020, https://au.int/fr

Conseil exécutif de l'Union africaine, *Rapport d'activité de la Cour africaine des droits de l'homme et des peuples, 1er janvier 31 décembre 2018,* 34e session ordinaire, 7-8 février 2019, Addis-Abeba, https://au.int/fr

Conseil exécutif de l'Union africaine, *Rapport d'activité de la Cour africaine des droits de l'homme et des peuples, 1er janvier-31 décembre 2017*, 32e session ordinaire, 22-26 janvier 2018, Addis-Abeba (Éthiopie), https://au.int/fr

Le Contrôleur général des lieux de privation de liberté, Rapport d'activité 2023, p. 1 [en ligne], [consulté le 29 mai 2024], https://www.cglpl.fr/

Le Contrôleur général des lieux de privation de liberté, Rapport d'activité 2021, [en ligne], [consulté le 29 mai 2023], https://www.cglpl.fr/

Rapport annuel 2021, le Conseil National des Droits de l'Homme (CNDH) de Côte d'Ivoire [en ligne], [consulté le 24 avril 2023], https://cndh.ci/

Rapport d'activité 2022 du Contrôleure générale des lieux de privation de liberté de France [en ligne], [consulté le 28 mai 2023], https://www.cglpl.fr/

Rapport de la mission conjointe des mécanismes de la Rapporteure spéciale sur les droits de la femme en Afrique et du comité sur la protection des personnes vivant avec le VIH/SIDA, des personnes à risque, vulnérables (..), au Cameroun, du 4 au 14 septembre 2012 [en ligne], [consulté le 23 mai 2024], https://achpr.au.int/fr/

Rapport de l'ONU, « La France doit respecter et promouvoir le droit de réunion pacifique », 15 juin 2023 [en ligne], [consulté le 23 juin 2023], https://www.ohchr.org/fr/

Rapport des Nations-Unies de 2014 sur l'abolition de la peine de mort [en ligne], [consulté le 26 mars 2023], https://worldcoalition.org/fr

Rapport sur les travaux du Congrès sur la Primauté du Droit à Lagos (Nigeria) du 3-7 janvier 1961 [en ligne], [consulté le 20 février 2023], https://www.icj.org/

Rapport, « The joint promotion mission undertaken to the Republic of Uganda, 25-30 August 2013 », présenté au cours de la 55° session ordinaire tenue du 28 avril au 12 mai 2014 [en ligne], [consulté le 23 mai 2024], https://achpr.au.int/fr/

Rapporteur Spécial sur les Prisons, les Conditions de Détention et l'Action Policière en Afrique [en ligne], [consulté le 25 mars 2023], https://achpr.au.int/fr/

Sir Nigel Rodley Rapporteur spécial des Nations Unies sur la torture 3 juillet 2001, A/56/156, § 35, https://www.conferencedesbatonniers.com/fr/

Systèmes judiciaires européens-Rapport d'évaluation de la CEPEJ de 2020 [en ligne], [consulté le 24 mai 2023], https://rm.coe.int/

X. Webographie

Amnesty international, « Codiv-19 en France : Dans les prisons aussi, le droit à la santé doit être garanti » [en ligne], [consulté le 06 mai 2023], https://www.amnesty.org/fr

Amnesty International, « Érythrée. La surpopulation et l'insalubrité dans les prisons rendent les détenu·e·s sans défense face à la pandémie de COVID-19 » [en ligne], Publié le 21.05.2020, [consulté le 20 avril 2024], https://www.amnesty.org/fr

Amnesty International, « The state of african regional humain rights bodies and mechanisms », 2019-2020 [en ligne], [consulté en ligne le 14 mai 2023], https://www.amnesty.org/fr

Article 2 du Code pénal du 25 septembre - 6 octobre 1791, Titre premier-des peines en général [en ligne], [consulté le 31 mai 2023], http://www.ledroitcriminel.fr

Assemblée générale des Nations unies, « Règles des Nations Unies pour la protection des mineurs privés de liberté, Adoptées par l'Assemblée générale dans sa résolution 45/113 du 14 décembre 1990 », *Journal du droit des jeunes* [en ligne], 2005, p. 48-52, [consulté le 25 mars 2023], https://www.cairn.info/

BELAY Netsanet, directeur de la recherche et du plaidoyer au sein d'*Amnesty International* [en ligne], [consulté le 14 mai 2023], https://www.amnesty.org/fr

Observatoire international des prisons, section française, Budget pénitentiaire pour 2024 : 5 milliards de dettes pour une fuite en avant [en ligne], [consulté le 20 avril 2024], https://oip.org/

BRILLIE-CHAMPAUX Marina, Réseaux sociaux et construction du droit, 23 juin 2022 [en ligne], [consulté le 16 avril 2024], https://actu.dalloz-etudiant.fr/

Bureau du haut-commissaire des Droits de l'homme des Nations unies, Tableau de bord interactif de l'état de la ratification, [en ligne], dernière mise à jour le 21 février 2023, [consulté le 10 mai 2024], https://indicators.ohchr.or

CASSUTO Thomas, « La France est-elle vraiment malade de la détention provisoire ? » [en ligne], [consulté le 22 mai 2023], https://www.dalloz-actualite.fr/

Communiqué de presse sur la situation des droits de l'homme en République de Guinée, 2022 [en ligne], [consulté le 25 mars 2023], https://achpr.au.int/fr

Conseil de l'Europe, « Impact de la Convention européenne des droits de l'homme dans les États parties : exemples choisis », *Impact de la Convention européenne des droits de l'homme dans les États parties. Exemples choisis* [en ligne], Conseil de l'Europe, 2016, pp. 9-86, [consulté le 25 mars 2023], https://www.cairn.info/

Conseil de l'Europe, Protocole n°13 à la Convention de sauvegarde des droits de l'homme et des libertés fondamentales relatif à l'abolition de la peine de mort en toute circonstance de Vilnius, 3.V.2002, [en ligne], [consulté le 25 mars 2023], https://www.coe.int/fr/

Conseil de sécurité des Nations Unies, Résolution relative à la situation en Géorgie, 6082e séance, 13 février 2009, S/RES/1866(2009), § 4 [en ligne], [consulté le 13 mars 2023], https://documents.un.org/

D. Jen, « Prisons privées à but lucratif : la porte ouverte à toutes les fenêtres chez l'Oncle Sam », *Aide-mémoire n°91* [en ligne], Aide-mémoire n°91 janvier - février - mars 2020, [consulté le 30 janvier 2023], https://aidememoire.be/

Digithèque de matériaux juridiques et politiques, « Royaume-Uni de Grande-Bretagne et d'Irlande-du-Nord » [en ligne], [consulté le 30 avril 2024], https://mjp.univ-perp.fr/mjp.htm

Encyclique *Christifideles laici* n° 37, 1988, [en ligne], [consulté le 20 mars 2023], https://www.vatican.va/

Encyclique *Laudato* si' (2015) n°65 [en ligne], [consulté le 22 mars 2024], https://www.vatican.va/

Ensemble de règles minima des Nations Unies pour le traitement des détenus (Règles Nelson Mandela) [en ligne], [consulté le 09 mai 2023], https://www.unodc.org/

Focus d'Amnesty international sur les six méthodes d'exécution dans le monde [en ligne], [consulté le 27 mars 2023], https://www.amnesty.org/fr

Le Dictionnaire historique de la Suisse (DHS) « Prisons », publié le 20 mars 2015 [en ligne], [consulté le 30 avril 2024], https://hls-dhs-dss.ch/fr/

Le Monde avec l'AFP, « La République démocratique du Congo lève le moratoire sur la peine de mort » [en ligne], 15 mars 2024, [consulté le 30 avril 2025].

Ligue des droits humains de Belgique, La réforme du Conseil central de surveillance pénitentiaire et des commissions de surveillance des prisons : entre attentes déçues et raisons d'espérer ?, [en ligne], [consulté le 10 mai 2024], https://www.liguedh.be/

LPJ SAVE, [en ligne], [consulté le 29 mars 2023], http://luttepourlajustice.blogspot.com

Mme BORCHIO FONTIMP Alexandra (Alpes-Maritimes - Les Républicains), Question écrite n°01722 – 16e législature [en ligne], [consulté le 24 mai 2023], https://www.senat.fr

Namibie : Mission sur Prisons et conditions de détention, 2001 [en ligne], [consulté le 25 mars 2023], https://achpr.au.int/fr

Nation Unies, L'universalité des droits humains, la diversité et les droits culturels [en ligne], [consulté le 15 avril 2024], www.ohchr.org/fr

Nations Unies, Premier examen de la Côte d'Ivoire au Comité contre la torture : des experts évoquent les conditions de détention dans les prisons ivoiriennes et des allégations d'acte de torture et mauvais traitement commis par les forces de police et de sécurité du 17 juillet 2024 [en ligne], [consulté le 03 aout 2024], https://www.ohchr.org/fr

Première version de la Convention européenne des droits de l'homme du 4 novembre 1950 [en ligne], [consulté le 21 mars 2023], https://www.echr.coe.int/fr/

Prisonniers Sans Frontières, Hygiène et Santé [en ligne], [consulté le 20 avril 2024], https://www.prsf.fr/

REDRESS, Ending torture, seeking justice for survivors [en ligne], [consulté le 23 mai 2024], https://redress.org/

Revue universelle des droits de l'homme, septembre 1994, n° 4-6, p. 227, Conférence mondiale sur les droits de l'homme, Vienne, 1993, § 20 [en ligne], [consulté le 13 mars 2023], https://documents.un.org

Sainte Bible, Exode 21, 12 [en ligne], [consulté le 20 mars 2023], https://saintebible.com/

SCALIA Antonin, juge de la Cour suprême des États-Unis, expliquant pourquoi le protocole d'exécution du Kentucky ne constituait pas un châtiment cruel et inhabituel et, par voie de conséquence, était conforme au huitième Amendement de la Constitution américaine [en ligne], [consulté le 29 mars 2023], http://luttepourlajustice.blogspot.com

Victor Hugo, Discours du 15 septembre 1848 sur l'abolition de la peine de mort, Assemblée constituante [en ligne], [consulté le 04 juin 2024], https://www.assemblee-nationale.fr/

POSTFACE

L'ouvrage de Gnenekpohoro Jean-Marie Silué, fruit d'un travail de mémoire de Master 2, se distingue à plusieurs égards. Tout d'abord, par la rigueur de sa méthodologie. L'auteur mobilise une documentation riche et variée, tant doctrinale que jurisprudentielle, et procède à une analyse minutieuse des décisions des deux cours régionales étudiées. Le lecteur est ainsi guidé avec clarté à travers l'évolution des standards de protection des droits des détenus, mettant en lumière les avancées notables tout autant que les lacunes persistantes dans les deux systèmes analysés.

Ensuite, cette recherche se distingue par la profondeur de son analyse et la pertinence de sa réflexion. Comme le souligne judicieusement l'auteur, les défis auxquels ces juridictions régionales sont confrontées se recoupent souvent : surpopulation carcérale, traitements inhumains et dégradants, ou encore enjeux liés à l'indépendance des juridictions nationales dans le contrôle des conditions de détention. De ce fait, les points de convergence jurisprudentielle sont nombreux, et les deux cours ont progressivement construit un socle normatif autour de la notion de dignité humaine, l'enrichissant au gré de l'évolution des exigences de l'État de droit et de la société démocratique. Toutefois, à travers l'examen du cas de la peine de mort, Gnenekpohoro Jean-Marie Silué met en lumière une divergence herméneutique fondamentale entre les juges d'Arusha et ceux de Strasbourg, révélant ainsi les dynamiques politiques et culturelles propres à chaque système juridique. Cette analyse comparée, loin d'être un simple exercice formel, apporte un éclairage précieux sur les tensions et les interactions entre les approches régionales de la protection des droits fondamentaux.

Au-delà de cette étude comparative stimulante, le travail de Gnenekpohoro Jean-Marie Silué engage une réflexion critique tant sur le rôle du juge dans l'édification des normes en matière de droits fondamentaux que sur celui des États dans la mise en œuvre des obligations positives qui leur incombent en matière de conditions de détention. Il interroge ainsi la capacité des systèmes juridiques à garantir le respect de la dignité humaine face aux réalités carcérales et à la volonté politique des États.

Enfin, outre la qualité de son analyse des jurisprudences de la Cour européenne des droits de l'homme et de la Cour africaine des droits de l'homme et des peuples, Gnenekpohoro Jean-Marie Silué est remarquable en ce qu'il s'inscrit dans une démarche plus vaste, celle d'une quête de justice et d'humanité dans l'un des espaces les plus sensibles de l'État de droit : le milieu carcéral.

La recherche en droit, quand bien même elle est menée avec rigueur et engagement, se cantonne souvent à une analyse descriptive du droit existant. Pourtant, l'impact du travail du juriste universitaire est d'autant plus puissant lorsqu'il parvient à questionner les certitudes établies et à esquisser des perspectives d'amélioration, voire de transformation des normes juridiques, afin de les rendre plus justes et plus protectrices. L'ouvrage de Gnenekpohoro Jean-Marie Silué s'inscrit pleinement dans cette ambition.

Martial Manet
Assistant Professor of Public Law
Mohammed VI Polytechnic University

TABLE DES MATIÈRES

Structures éditoriales du groupe L'Harmattan

L'Harmattan Italie
Via degli Artisti, 15
10124 Torino
harmattan.italia@gmail.com

L'Harmattan Hongrie
Kossuth l. u. 14-16.
1053 Budapest
harmattan@harmattan.hu

L'Harmattan Sénégal
10 VDN en face Mermoz
BP 45034 Dakar-Fann
senharmattan@gmail.com

L'Harmattan Cameroun
TSINGA/FECAFOOT
BP 11486 Yaoundé
inkoukam@gmail.com

L'Harmattan Burkina Faso
Achille Somé – tengnule@hotmail.fr

L'Harmattan Guinée
Almamya, rue KA 028 OKB Agency
BP 3470 Conakry
harmattanguinee@yahoo.fr

L'Harmattan RDC
185, avenue Nyangwe
Commune de Lingwala – Kinshasa
matangilamusadila@yahoo.fr

L'Harmattan Congo
219, avenue Nelson Mandela
BP 2874 Brazzaville
harmattan.congo@yahoo.fr

L'Harmattan Mali
ACI 2000 - Immeuble Mgr Jean Marie Cisse
Bureau 10
BP 145 Bamako-Mali
mali@harmattan.fr

L'Harmattan Togo
Djidjole – Lomé
Maison Amela
face EPP BATOME
ddamela@aol.com

L'Harmattan Côte d'Ivoire
Résidence Karl – Cité des Arts
Abidjan-Cocody
03 BP 1588 Abidjan
espace_harmattan.ci@hotmail.fr

Nos librairies en France

Librairie internationale
16, rue des Écoles
75005 Paris
librairie.internationale@harmattan.fr
01 40 46 79 11
www.librairieharmattan.com

Librairie des savoirs
21, rue des Écoles
75005 Paris
librairie.sh@harmattan.fr
01 46 34 13 71
www.librairieharmattansh.com

Librairie Le Lucernaire
53, rue Notre-Dame-des-Champs
75006 Paris
librairie@lucernaire.fr
01 42 22 67 13

www.ingramcontent.com/pod-product-compliance
Lightning Source LLC
LaVergne TN
LVHW010954061026
849535LV00006B/1719
9782336503202